Jürgen Brater

Was macht der U-Bahn-
Fahrer, wenn er
auf Toilette muss?

Jürgen Brater, geboren 1948, arbeitete als Mediziner mit eigener Praxis. Seit den Neunzigern hat er populäre Sachbücher veröffentlicht, die nicht nur sein fachliches Wissen unter Beweis stellen, sondern auch seinen Blick für die skurrilen Fragen des Lebens. Bei Beltz & Gelberg erschien von ihm zuletzt »Warum haben wir Sand in den Augen und Schmetterlinge im Bauch?«

☆ Für
Luca, Laurin, Levin,
Jonas und Clara

www.beltz.de
© 2012 Beltz & Gelberg
in der Verlagsgruppe Beltz • Weinheim Basel
Alle Rechte vorbehalten
Deutsche Originalausgabe
Neue Rechtschreibung
Redaktion: Beatrice Wallis
Bildredaktion: Meike Blatzheim
Layout & Satz: Antje Birkholz
Umschlaggestaltung: Manja Hellpap
Druck: Beltz Druckpartner GmbH & Co. KG, Hemsbach
Bindung: Beltz Bad Langensalza GmbH, Bad Langensalza
Printed in Germany
ISBN 978-3-407-75364-9
1 2 3 4 5   16 15 14 13 12

Jürgen Brater

Was macht der U-Bahn-Fahrer, wenn er auf Toilette muss?

66 blitzgescheite Fragen
rund um Alltag,
Menschen & Tiere

BELTZ
& Gelberg

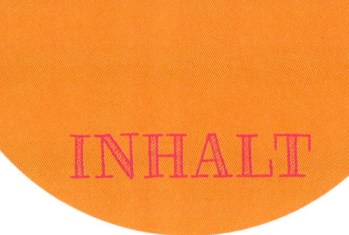

INHALT

Äh, wer kann das erklären?
✫ Überraschendes aus dem Alltag

Wie funktioniert das, bitte schön?
✫ Fesselnde Naturwissenschaft

Was passiert um dich herum?
☆ Geheimnisvolle Umwelt

Was ist mit den Tieren los?
☆ Merkwürdig Tierisches

Was du nicht sagst!
☆ Kuriose Redewendungen

Was geht da in uns vor?
☆ Körperliches

Was ist denn mit denen?
✪ Comics und Ritter

Geht das überhaupt?
✪ Erstaunliches rund ums Wasser

... und jetzt geht's los!!

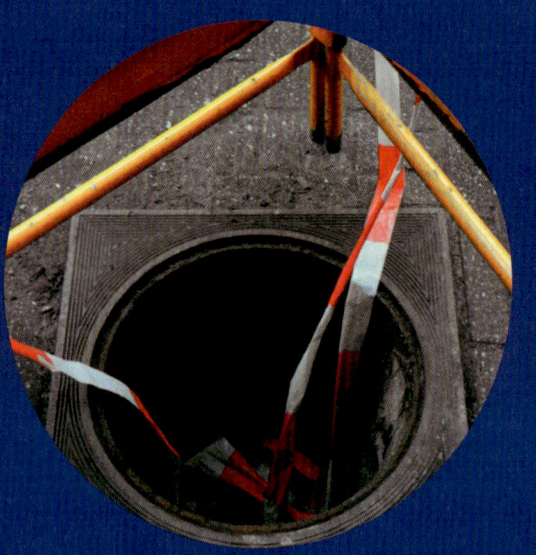

Äh, wer kann das erklären?
✫ Überraschendes aus dem Alltag

- Was macht der U-Bahn-Fahrer, wenn er auf Toilette muss?
- Wie schreiben Chinesen am Computer?
- Warum läuft der Tacho eines Autos beim Rückwärtsfahren nicht rückwärts?
- Warum ist Schaum immer weiß?
- Warum strecken viele Wappentiere ihre Zunge raus?
- Warum sind Kanaldeckel rund?
- Dreht sich die Luft im Autoreifen beim Fahren mit?
- Warum essen Chinesen mit Stäbchen und nicht mit Besteck?

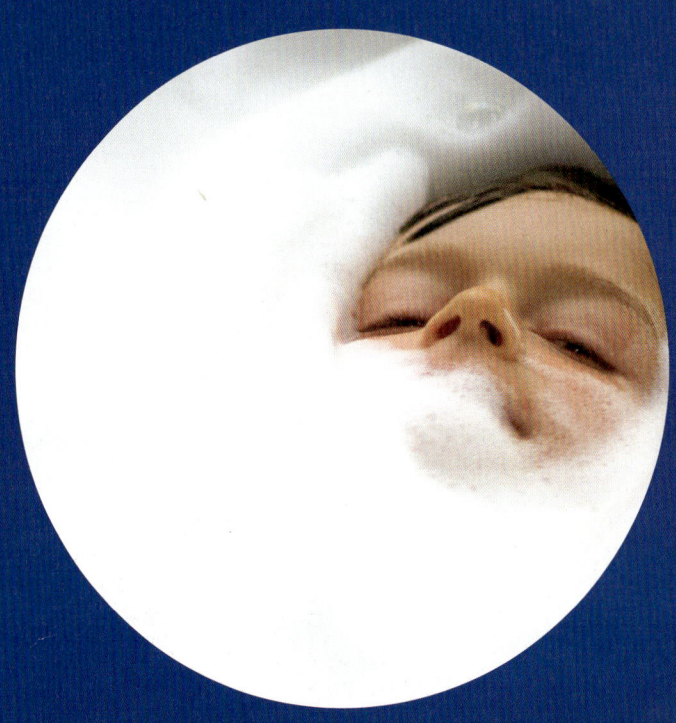

✪ Was macht der U-Bahn-Fahrer, wenn er auf Toilette muss?

Auch wenn U-Bahn-Fahrer einen ungewöhnlichen Beruf haben, bei dem sie jeden Tag ohne den geringsten Sonnenstrahl tief unter der Erde stundenlang durch enge Röhren brausen, sind sie doch Menschen wie du und ich. Und wie jeder Mensch müssen sie gelegentlich aufs Klo. Zwar werden sie vor ihrer Schicht klugerweise nicht literweise trinken, aber irgendwann müssen sie doch so dringend, dass sie gezwungen sind, sich zu erleichtern. Zur Not lässt sich das mithilfe geeigneter Behälter in der engen Fahrerkabine erledigen. Aber wie steht es mit dem großen Geschäft?

Nun, dazu stehen den Fahrern an sämtlichen Endhaltestellen, wo sie ja in der Regel einige Minuten Pause einlegen, Toiletten zur Verfügung. Und viele von ihnen nutzen diese – natürlich auch zum Pinkeln – regelmäßig, um sicherzugehen, die nächste Runde problemlos durchzustehen. Kritisch wird die Sache allenfalls, wenn sie plötzlich »groß müssen« oder sogar Durchfall bekommen. Dann kann die Zeit bis zur nächsten Endstation, selbst wenn es bis dahin nur noch wenige Haltestellen sind, sehr, sehr lang werden. Und einfach bis dorthin durchsausen, geht natürlich nicht. Schließlich gibt es einen strengen Fahrplan, an den sich alle Fahrer halten müssen, auch wenn sie sich sehnsüchtig ein rettendes Klo herbeiwünschen.

Für derartige Notlagen stehen in allen großstädtischen U-Bahn-Netzen an mehreren Haltestellen rund um die Uhr Reservefahrer bereit. Meldet einer ihrer Not leidenden Kollegen per Funk ein dringendes, nicht mehr aufzuschiebendes Bedürfnis, warten sie schon am Bahnsteig auf ihn, um ihn sofort abzulösen, sodass er nach dem Anhalten schnellstmöglich auf die Toilette eilen kann.

Es soll allerdings trotz dieser Vorsichtsmaßnahme tatsächlich schon vorgekommen sein, dass es ein U-Bahn-Fahrer in seiner Not nicht mehr bis zur Endstation oder einem wartenden Aushilfsfahrer geschafft hat. Dann ist die Sache eben im wahrsten Sinne des Wortes »voll in die Hose gegangen«.

U-Bahnen fahren bis zu 80 Stundenkilometer schnell!

✪ Wie schreiben Chinesen am Computer?

Bei uns in Europa, aber auch in den anderen westlichen Ländern, lernt jedes Kind in der Schule die 26 Buchstaben des Alphabets, mit denen man sämtliche Wörter schreiben oder – auf der Computertastatur – tippen kann. Und das auch noch in den unterschiedlichsten Sprachen. Die Chinesen schreiben aber ganz anders, nämlich mithilfe kompliziert aussehender Zeichen, die für ein ganzes Wort stehen und von denen ein durchschnittlich Gebildeter etwa 2000 kennt. Um die zu tippen, müsste eine Computertastatur also mindestens 2000 Tasten haben. Und das geht natürlich nicht. Wie behelfen sich die Chinesen also?

Sie benutzen die gleiche Tastatur wie wir auch. Mit deren Hilfe geben sie die Aussprache des Zeichens ein, das nachher auf dem Blatt stehen soll. Klingt das etwa wie »piang«, müssen sie eben nacheinander die Buchstaben p – i – a – n – g eintippen. Ein spezielles Programm zeigt dann auf dem Bildschirm alle chinesischen Schriftzeichen, die so oder so ähnlich ausgesprochen werden. Und unter jedem dieser Zeichen steht eine arabische Ziffer. Der Chinese muss nun entscheiden, welches Zeichen – das heißt welches Wort – er gemeint hat, und die entsprechende Zahl eintippen. Genauso macht er das auch mit allen anderen Wörtern. Das klingt zunächst sehr umständlich, ist aber nur eine Frage des Trainings. Chinesen, die das System beherrschen, schreiben damit fast genauso schnell wie wir.

Doch egal, ob mit dem Computer oder per Hand: Chinesisch zu schreiben ist schwierig und erfordert eine Menge Übung. Ganz besonders für einen Nichtchinesen. Wenn du also mal stöhnst, weil du in Deutsch so viel schreiben musst, dann sei froh, dass du dafür nur 26 Buchstaben brauchst.

✪ 12 – 13

◎ Wie heißt die Hauptstadt von China?

Antwort: Peking.

✿ Warum läuft der Tacho eines Autos beim Rückwärtsfahren nicht rückwärts?

Sobald ein Auto vorwärts fährt, zeigt der Tacho zweierlei an: die momentane Geschwindigkeit und die zurückgelegte Strecke. Beides tat er früher auch beim Rückwärtsfahren, denn er war über ein kleines Rädchen und eine biegsame Welle direkt mit dem Getriebe des Autos verbunden. Bei den heutigen technisch hochgerüsteten Fahrzeugen ist das jedoch anders: Da bekommt der Tacho ein elektrisches Signal von einem Sensor, der registriert, wie oft sich das Rad dreht. Und da bekannt ist, welchen Weg das Auto bei einer Raddrehung zurücklegt, weiß man, wie weit es gefahren ist. Die Strecke zeigt der Tacho ebenso an wie die Geschwindigkeit.

All das würde natürlich auch beim Rückwärtsfahren funktionieren. Doch die kurzen Strecken, die dabei zurückgelegt werden, interessieren einen Autofahrer meistens ebenso wenig wie die Geschwindigkeit. Deshalb werden diese Werte nicht angezeigt. Wobei das allerdings nicht bei allen Fahrzeugen gleich ist: Einige erlauben beim Nach-hinten-Fahren immerhin das Ablesen der Geschwindigkeit, ohne dass sich an den Gesamtkilometern irgendetwas ändert, bei anderen stehen beide Anzeigen still.

Fragt man einen Autofahrer, wie das bei seinem Auto ist, wird er das in der Regel nicht wissen, weil er noch nie darauf geachtet hat. Schließlich schaut man beim Rückwärtsfahren üblicherweise nach hinten und hat dabei keine Instrumente im Blick. Außerdem haben viele Fahrer beim Zurückstoßen genügend Mühe mit dem exakten Lenken und sind froh, wenn ihr Auto halbwegs dahin fährt, wohin es soll. Was haben sie schließlich auch davon, wenn sie beim Hängenbleiben an einem Garagentor oder einer Hauswand wissen, wie schnell sie dagegengekracht sind?

Manche Traktoren haben mehr als 20 Rückwärtsgänge.

Larven der Wiesenschaumzikade leben in Nestern aus selbst erzeugtem Schaum.

☆ Warum ist Schaum immer weiß?

Was haben blaue, lila und rote Seifenstücke, gelbes und dunkles Bier, braunes, blaues und grünes Duschgel gemeinsam? Trotz ihrer unterschiedlichen Farbe sieht ihr Schaum immer leuchtend weiß aus.

Um zu verstehen, warum das so ist, muss man sich ein wenig mit Licht auskennen. Das besteht nämlich aus verschiedenen Farben, die wir allerdings normalerweise alle zusammen, also als Gemisch, sehen und dann als weiß beziehungsweise durchsichtig empfinden. Wenn nun Licht auf irgendeinen Gegenstand fällt, nimmt dieser einen Teil davon auf und der Rest wird wieder zurückgeworfen. Man sagt, der Gegenstand reflektiert das Licht. Und in der Farbe dieses Rests sehen wir den Gegenstand. Ein rotes Stück Seife verschluckt zum Beispiel alle Farben des Lichts bis auf Rot, und ein grünes Duschgel reflektiert nur den Grünanteil, alle anderen Farben nimmt es in sich auf. Sichtbar machen kann man die einzelnen Farben – die wir bei einem Regenbogen bewundern können –, indem man das Licht durch einen speziellen Glaskörper, ein sogenanntes Prisma, schickt. Das zerlegt das Tageslicht in seine einzelnen Bestandteile.

Nun besteht Schaum aus einer Unmenge von Bläschen, aus kleinen und großen, runden und vieleckigen, solchen mit hauchdünnen und anderen mit dickeren Wänden. Fällt Licht auf so eine Bläschenwand, wird davon jedes Mal ein Teil reflektiert und der andere wie von einem Prisma in seine einzelnen Farben zerlegt. Und beide Anteile treffen gleich danach auf weitere Bläschenwände, wo genau dasselbe passiert. Kurz gesagt: Das Licht scheint durch Schaum nicht einfach hindurch, sondern wird darin in Unmengen unterschiedlich gefärbter Anteile zerlegt, die in alle möglichen Richtungen leuchten. Anders als etwa das grüne Duschgel wirft der Schaum also nicht nur eine einzige Farbe des Tageslichts zurück, sondern alle gleichzeitig und durcheinander. Und die überlagern sich in unserem Auge, bilden also wieder ein Gemisch. Folge: Der Schaum sieht für uns schneeweiß aus.

Das ist schade und schön zugleich. Denn es macht bestimmt Spaß, in rotem oder blauem Schaum zu baden. Aber wer isst schon gern grüne Schlagsahne?

⭐ Warum strecken viele Wappentiere ihre Zunge raus?

Die Zunge aus dem Mund zu strecken gehört sich nicht! Das weiß jedes Kind. Doch wenn man sich einmal Wappentiere wie Drachen, Löwen, Bären und Adler ansieht, scheinen die meisten von ihnen sehr schlecht erzogen zu sein. Denn völlig ohne Hemmungen reißen sie nicht nur ihr Maul oder ihren Schnabel weit auf, sondern strecken auch noch ihre Zunge weit heraus. Schämen die sich nicht?

Wappen tauchten erstmals im Mittelalter auf, und zwar auf den Schilden der Ritter. Die waren überzeugt, ihren Feinden einen gehörigen Schrecken einzujagen, wenn die plötzlich die Fratzen gefährlicher Tiere auf sich zukommen sahen. Schließlich glaubten früher viele Menschen, solche Fabelwesen gebe es tatsächlich, und hatten vor ihnen eine Heidenangst. Also bemühten sich die Wappenmaler, die Tiere möglichst grässlich und brutal aussehen zu lassen, und pinselten sie nicht nur mit drohend gespreizten Klauen und Krallen sowie aufgerissenem Maul auf die Schilde, sondern auch mit weit herausgestreckter Zunge. Denn schon damals bedeutete die Zunge herauszustrecken

dasselbe wie heute: »Du Blödmann, vor dir habe ich keine Angst. Mit dir nehme ich es allemal auf!«

Zudem legten die Ritter entschieden Wert darauf, dass ihre Wappen möglichst prachtvoll und bunt sein sollten, schließlich zeugten sie von Ruhm und Reichtum ihrer Besitzer. Und da bot die Zunge eine Menge Möglichkeiten. Manche Künstler ließen sie blutig rot aus einem kohlschwarzen Kopf herausragen, andere malten sie als lodernde Flamme, die alles in Brand zu stecken drohte, was sich ihr in den Weg stellte.

Weil die Ritter mit ihren Wappen offenbar erfolgreich waren, legten sich bald darauf auch die Reichsstädte die bunten Erkennungszeichen zu. Und natürlich versuchten die ebenfalls, ihre Feinde mit möglichst grässlichen und wehrhaften Bestien von Angriffen abzuhalten. So strecken bis heute die Löwen und Adler in den Landeswappen von Hessen, Mecklenburg-Vorpommern, Bayern und Berlin ihre Zungen weit heraus. Auch wenn sie damit natürlich schon längst niemandem mehr Angst einjagen.

◎ Welche Tiere haben gespaltene Zungen?

Antwort: Die Schlangen.

BUNDESREPUBLIK DEUTSCHLAND

★ 20–21 ◎ Wie nennt man einen Regenwasserablauf in einer Straße?

✰ Warum sind Kanaldeckel rund?

Wenn man sich auf den Straßen umsieht, kann man sich schon über die erstaunliche Anzahl von Kanaldeckeln wundern. Sie alle führen zu Schächten, durch die Arbeiter klettern, um tief unter der Straße Rohre zu reparieren oder Kabel zu verlegen. Merkwürdigerweise sind fast alle Kanaldeckel rund. Ist das Zufall, oder gibt es dafür einen Grund?

Ja, den gibt es, genauer gesagt, sogar gleich mehrere. So lassen sich runde Öffnungen viel leichter in den Straßenbelag bohren als eckige, schließlich machen alle Bohrer runde Löcher. Das spart bei den vielen Deckeln eine Menge Geld. Hinzu kommt, dass der Auf- und Abstieg durch die runden Schächte besonders sicher sind, denn bei dem einheitlichen Durchmesser von knapp über 60 Zentimetern können sich die Arbeiter nicht nur mit den Händen an der Leiter festhalten, sondern auch gleichzeitig mit dem Rücken an der Schachtwand abstützen, ohne seitlich abzurutschen.

Auch dass man runde im Gegensatz zu eckigen Deckeln viel leichter bewegen kann, spielt eine wichtige Rolle. Denn schließlich muss der Arbeiter sie vor dem Einsteigen in den Schacht beiseiteschaffen und später wieder über das Loch legen. Und rollen ist allemal einfacher als schleppen.

Der wichtigste Grund ist jedoch, dass ein runder Deckel niemals in den Schacht hineinfallen kann. Das verhindert der schmale Rand, mit dem er innerhalb der Öffnung aufliegt. Das kannst du leicht mit einem Topfdeckel überprüfen. Egal, wie du ihn drehst und wendest, in den Topf bekommst du ihn nicht hinein. Dagegen lässt sich ein eckiger Deckel immer so drehen, dass er abstürzen kann.

Deshalb reicht ein einziger Mann aus, um so einen Schacht zu öffnen und wieder zu schließen. Der Deckel kann zwar auf seine Füße, auf keinen Fall aber ins Loch fallen.

Antwort: Gully.

✦ Dreht sich die Luft im Autoreifen beim Fahren mit?

För eine Ameise, die im Inneren eines Auto- reifens herumkrabbelt, geht es bei dieser Frage um Leben und Tod. Die Sorge haben wir Menschen zum Glück nicht, aber trotzdem ist es spannend, einmal darüber nachzudenken, was die Luft im Reifen tut, wenn er sich schnell dreht.

Luft besteht, auch wenn man sie nicht sieht und allenfalls in Form von Wind spürt, aus ungeheuer vielen ungeheuer winzigen Teilchen, den Molekülen. Von denen berühren jeweils nur die ganz außen herumschwirrenden die Reifeninnenwand. Und die werden, wenn sich das Rad zu bewegen beginnt, von den mikroskopisch feinen Rillen im Gummi mitgerissen, sodass sie notgedrungen der Drehung folgen. Weil sie sich aber auch an weiter innen gelegenen Luftteilchen reiben, ziehen sie die automatisch ebenfalls mit. So geraten nach und nach – das Auto legt inzwischen ein paar Hundert Meter zurück – sämtliche Moleküle in Bewegung und wirbeln mit dem Reifen im Kreis herum. Bremst das Fahrzeug, passiert im Grunde dasselbe, nur dass die äußeren Luftteilchen jetzt nicht beschleunigt, sondern ver- langsamt werden. Bis schließlich die komplette Luft zum Stillstand gekommen ist.

Nimmt man anstelle der unsichtbaren Luft Wasser und füllt es zusammen mit ein paar Styroporkügelchen in einen Topf, kann man den Effekt gut beobachten. Dazu muss man den Topf nur in Drehung versetzen, was zum Beispiel prima auf dem Drehteller eines Mikrowellengerätes geht. Dann sieht man, dass zuerst die äußeren Kugeln und dann nach und nach auch diejenigen weiter innen in Schwung kommen. Schließlich rotiert der komplette Topfinhalt mit derselben Geschwindigkeit wie der Teller. Und das auch dann noch, wenn der längst abgeschaltet ist. Erst eine ganze Weile später kommen Wasser und Styropor allmählich wieder zur Ruhe.

Genau wie die Ameise im Reifen. Nur dass die das nicht mehr erlebt.

Die Luft dreht sich nicht nur mit, sie wird auch sehr warm.

Wie viele unterschiedliche chinesische Sprachen gibt es?

✪ Warum essen Chinesen mit Stäbchen und nicht mit Besteck?

Auf unserer Erde nehmen 68 von 100 Menschen zum Essen einfach ihre Hände, nur 32 – also gerade mal ein knappes Drittel – benutzen Geräte. Von denen essen wiederum 13 mit Messer und Gabel und die anderen 19 mit Stäbchen. Die hölzernen Esswerkzeuge sind vor allem in China sehr beliebt, was einigermaßen erstaunlich ist, da die Menschen dort sehr viel Reis essen. Denn dessen kleine Körnchen lassen sich doch nur schwer zwischen den Stäbchenenden festklemmen. Zwar leuchtet es ja noch ein, dass ein Messer in China überflüssig ist, werden dort doch alle Zutaten schon vor dem Kochen klein geschnitten, aber wenigstens Gabel oder Löffel könnten die Chinesen doch verwenden, oder?

Das könnten sie sicher, aber die Herstellung von Besteck aus teurem Metall war vor allem in früheren Zeiten überaus mühsam und kostspielig. Das konnten sich viele Chinesen schlicht nicht leisten. Dagegen war es für sie sehr einfach und praktisch, das Essen aus dem gemeinsamen Topf mit kleinen Zweigen herauszufischen, die sie nur vom nächsten Baum abzubrechen brauchten. Dabei wäre es sicher geblieben, hätten nicht vornehmere Chinesen diese Methode irgendwann als reichlich barbarisch abgelehnt. So ging man mehr und mehr dazu über, die Esshölzer vor der Benutzung zu glätten und zu ansehnlichen Stäbchen zurechtzuschnitzen. Und dabei ist es geblieben, wobei heutzutage der Hygiene wegen vor allem Einmalstäbchen verwendet werden.

Was übrigens die Schnelligkeit beim Essen angeht, so können Asiaten mit uns Europäern locker mithalten. Denn anders als wir machen sie sich nicht die Mühe, die Fleisch- oder Fischstückchen sowie die Reiskörner einzeln zwischen die Stäbchen zu kneifen und langsam Richtung Gesicht zu führen. Vielmehr klemmen sie sich die Schüssel einfach eng unters Kinn und befördern die einzelnen Happen von dort mit kurzen Schaufelbewegungen in den Mund. Das geht, ein bisschen Übung vorausgesetzt, so schnell, dass der chinesische Essensgruß bis heute nicht etwa »Guten Appetit!«, sondern »Man man chi!« lautet – zu deutsch: »Iss langsam!«.

Wie funktioniert das, bitte schön?

☆ Fesselnde Naturwissenschaft

- Wird ein Flugzeug schwerer, wenn sich eine darin rumschwirrende Fliege setzt?
- Wird man bei Regen weniger nass, wenn man schneller läuft?
- Wenn man einen Stein in einen See wirft, steigt dann der Wasserspiegel?
- Wenn Sekundenkleber überall klebt, warum nicht in der Tube?
- Warum bekommt man Falten in Papier leicht hinein, aber nicht mehr heraus?
- Kann man einen Menschen einfrieren und irgendwann wieder auftauen?
- Können wir mit offenen Augen schlafen?
- Warum werden Kartoffeln beim Kochen weich, Eier aber hart?

Wird ein Flugzeug schwerer, wenn sich eine darin rumschwirrende Fliege setzt?

Mal abgesehen davon, dass man eine solch minimale Veränderung gar nicht messen könnte, weil die winzige Fliege im Vergleich zu dem riesigen Flugzeug praktisch nichts wiegt, wollen wir doch mal über die Frage nachdenken. Denn hier geht es um ein grundsätzliches Problem, das bei vielen technischen Vorgängen eine wichtige Rolle spielt.

Entscheidend ist dabei, dass wir es bei dem Flugzeug im physikalischen Sinn mit einem »geschlossenen System« zu tun haben. Und ein solches System ändert sein Gewicht nicht, egal, was sich darin abspielt. Nehmen wir an, die Fliege wiegt 50 Milligramm, dann »belastet« sie das Flugzeug, wenn sie auf dem Essen eines Passagiers sitzt, mit genau diesem Gewicht. Scheucht der Fluggast das lästige Insekt weg, erhebt es sich blitzartig in die Luft. Dazu muss es mit seinen Flügeln einen sogenannten »Auftrieb« erzeugen, und das funktioniert nur, wenn es die umgebende Luft nach unten drückt (weshalb die Fliege im luftleeren Raum auch nicht fliegen kann). Erst wenn der Auftrieb so groß ist wie ihr Gewicht, hält sie sich in der Schwebe, und das bedeutet, dass jetzt nicht mehr die Fliege, sondern der nach unten wirkende Luftschwall (der natürlich winzig und praktisch nicht spürbar ist) auf die Spaghetti drückt. Womit das Flugzeug insgesamt genauso viel wiegt wie zuvor. Im Grunde ist das wie bei einem Trampolin, auf das beim Absprung das volle Gewicht des Springers wirkt, sodass sich der elastische Boden weit nach unten durchbiegt.

Anders wäre die Sache nur, wenn das Flugzeug nicht geschlossen wäre, also zum Beispiel kein Dach hätte. Dann könnte der von der Fliege erzeugte Luftschwall entweichen, und die Maschine wäre genau um diesen Betrag leichter. Doch das ist natürlich reine Theorie. Denn ein offenes Verkehrsflugzeug in großer Höhe wäre nicht nur für die Fliege, sondern auch für die Passagiere höchst fatal. Sie würden in der extrem dünnen Luft ersticken und hätten dann keine Gelegenheit mehr, sich über die Fliege – egal, ob sitzend oder herumschwirrend – Gedanken zu machen.

Ein leerer Jumbo-Jet wiegt etwa so viel wie 150 VW Golf.

◎ Welches Tempo erreicht ein 100-Meter-Sprinter?

✪ Wird man bei Regen weniger nass, wenn man schneller läuft?

Was tun die meisten Menschen, wenn sie bei einem Spaziergang von einem Regenschauer überrascht werden? Sie fangen an, zu rennen. Wer schnell läuft, scheinen sie zu denken, findet früher ein trockenes Plätzchen, um sich dort unterzustellen, wird also weniger nass. Doch dann merken sie plötzlich, dass die Tropfen bei höherem Tempo viel heftiger gegen Kleidung und Gesicht klatschen. So wie bei einem Auto, bei dem man ja auch den Scheibenwischer umso mehr aufdrehen muss, je schneller man fährt. Ist es also nicht viel sinnvoller, sich bei Regen langsam und in aller Ruhe zu bewegen?

Nein, das ist es nicht. Versuche haben eindeutig ergeben, dass ein schneller Läufer im Regen rund ein Drittel weniger Nässe abbekommt als jemand, der langsam geht. Und das hat auch einen Grund: Die Tropfen fängt man nämlich auf zwei unterschiedliche Weisen ein: einerseits von oben, also mit Kopf und Schultern, andererseits von vorne, also mit Gesicht, Brust, Bauch und Beinen.

Bleibt man im senkrecht herabfallenden Regen stehen, bekommt man daher fast nur die erste Art ab, und zwar umso mehr, je länger man sich im Freien aufhält. Dagegen bleibt die Anzahl, die man von vorne einsammelt, auf dem Weg zu einem Unterstand immer gleich, ganz egal, wie schnell man sich bewegt. Dass man den Eindruck hat, es würden mehr, je rascher man läuft, liegt nur daran, dass die Tropfen heftiger auftreffen, man sie also stärker spürt.

Wenn man aber mit Gesicht, Brust und Bauch immer gleich viele Tropfen einsammelt, mit Kopf und Schultern aber umso weniger, je eher man aus dem Regen herauskommt, wird klar, dass rennen durchaus sinnvoll ist. Es sei denn, man hat einen Regenschirm dabei.

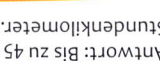

✪ Wenn man einen Stein in einen See wirft, steigt dann der Wasserspiegel?

In ein Ruderboot packen wir ein paar größere Steine und fahren mit ihnen auf einen See hinaus. Dort werfen wir einen Stein nach dem anderen ins Wasser. Steigt der Wasserspiegel dann, oder fällt er? Oder verändert er sich vielleicht überhaupt nicht?

Das kann man natürlich ausprobieren, wobei man den Versuch besser in einem Schwimmbecken macht, weil ein See viel zu groß ist, um überhaupt eine Veränderung zu bemerken. Man kann sich das Ganze aber auch einfach überlegen. Das wollen wir jetzt mal tun.

Nehmen wir dazu an, der Stein hat einen Rauminhalt (Volumen) von einem Liter und wiegt zwei Kilo. Dann drückt er das Boot mit seinem Gewicht genau so weit nach unten, wie zwei Kilo Wasser wiegen, oder anders gesagt: Das Boot verdrängt zwei Kilo, das sind genau zwei Liter Wasser. Wirft man den Stein jetzt über Bord, dann spielt sein Gewicht keine Rolle mehr, sehr wohl aber sein Rauminhalt. Und der ist ja ein Liter. Also steigt das Wasser gegenüber dem Ausgangszustand um einen Liter, also nur um die Hälfte. Oder anders ausgedrückt: Kippt man die Steine aus dem Boot, fällt der Wasserspiegel.

Zu schwierig? Dann überlegen wir mal, wie es wäre, wenn wir anstatt des Steines eine gleich schwere Bleikugel nähmen. Weil Blei etwa viermal so viel wiegt wie Stein, wäre so eine Kugel nur ein Viertel so groß. Das Boot würde sie aber genauso tief ins Wasser drücken wie der Stein, das heißt, der Wasserspiegel wäre in beiden Fällen gleich hoch. Über Bord geworfen würde die kleinere Kugel jedoch nur ein Viertel des Wassers verdrängen. Der Spiegel fiele also deutlich stärker ab.

Kapiert? Wenn nicht, probier es einfach mal mit einem Spielzeugboot in einem Kochtopf aus. Anstelle der großen Steine nimmst du einmal kleine Kiesel und ein andermal Metallkugeln. Dann wirst du sehen, dass das Wasser im Topf jedes Mal absinkt, wenn du die Bootsladung hineinkippst. Bei den Metallkugeln jedoch deutlich stärker als bei den Steinchen.

Der tiefste See der Erde ist der russische Baikalsee (1642 m).

➟ Im Kühlschrank gelagert hält Sekundenkleber länger.

✪ Wenn Sekundenkleber überall klebt, warum nicht in der Tube?

Sekundenkleber ist ein Teufelszeug. Gelangt davon auch nur ein winziger Tropfen zwischen zwei Finger, bekommt man die kaum noch auseinander. Und auch andere Stoffe verbindet der Kleber bombenfest. Nur in der Tube bleibt er flüssig und denkt gar nicht daran, die Innenwände miteinander zu verkleben. Woher weiß er, wann er haften soll und wann nicht?

Na ja, das weiß er natürlich überhaupt nicht. Dass Sekundenkleber in der Tube flüssig bleibt, liegt nicht an seiner Intelligenz, sondern hat einen anderen Grund: Ihm fehlt etwas Entscheidendes, um fest zu werden, und das ist erstaunlicherweise Wasser. Denn das verbindet sich mit den Bestandteilen des Klebstoffs und macht ihn überhaupt erst klebrig. Ohne Feuchtigkeit bleibt Sekundenkleber ein zähflüssiger Brei, der gar keine Anstalten macht, irgendetwas zusammenzuhalten. Und damit wird auch klar, warum er unsere Finger so fest verklebt. Schuld daran sind unsere Schweißdrüsen, die ständig geringe Mengen Wasser absondern.

Aber es gibt noch einen anderen Grund, warum Sekundenkleber in der Tube flüssig bleibt: Richtig fest haftet er nämlich erst, wenn man ihn zu einer hauchdünnen Schicht zusammenpresst. Das kannst du leicht ausprobieren, indem du einen Tropfen auf die Kuppe des Zeigefingers gibst und mit dem Daumen die andere Tropfenseite leicht berührst. Dann klebt nämlich überhaupt nichts. Erst wenn du den Daumen auf den Zeigefinger drückst, bekommst du ihn nur noch mit größter Mühe los. Da das aber richtig wehtut, mach den Versuch lieber mit einem feuchten Einmalhandschuh.

Übrigens hat die Tatsache, dass Sekundenkleber so prächtig auf der Haut haftet, auch sein Gutes: Weil er nicht die Spur giftig ist, kann man mit ihm bestens kleine Schnittwunden versorgen. Deren Ränder klebt er so fest zusammen, dass sie viel schneller verwachsen als unter einem Pflaster. Deshalb gehört Sekundenkleber nicht nur in den Werkzeugkasten, sondern auch in den Arzneischrank.

✪ Warum bekommt man Falten in Papier leicht hinein, aber nicht mehr heraus?

Wenn man ein Hemd, eine Hose oder eine Tischdecke zerknüllt, ist das kein großes Problem. Kurz mit dem Bügeleisen drüber, und weg sind die Falten. Knickt man jedoch Papier, so kann man sich noch so große Mühe geben: Es bleibt wellig und wird nicht mehr glatt. Nicht, indem man es nass macht, nicht, indem man eine schwere Platte darauf legt, ja, nicht einmal, indem man es stundenlang bügelt.

Das liegt an dem Material, aus dem Papier besteht. Denn auch wenn Zeitungs-, Schreibmaschinen- und Klopapier ganz unterschiedlich hergestellt werden, haben sie doch eines gemeinsam: Sie alle enthalten Holz, und zwar in Form winziger, kreuz und quer durcheinanderliegender Fasern. Die kann man, wenn man Papier zerreißt, sogar sehen: Wie dünne Härchen stehen sie von der Risskante ab – und lassen sich, wenn sie einmal zerbrochen sind, nie mehr reparieren.

Solange man Papier vorsichtig zusammenrollt, verschieben sich die Minifasern nur, das heißt, es entstehen weder Knicke noch Falten. Dasselbe gilt, wenn man es wieder aufrollt. Dann rutschen die Holzteilchen in ihre Ausgangslage zurück, und das Papier bleibt glatt. Knickt man es jedoch, so reißen die Fasern mittendurch. Und das lässt sich dann nicht mehr ändern. Im Prinzip passiert mit ihnen das Gleiche wie mit Streichhölzern, die man biegt, bis sie zerbrechen. Die kann man zwar wieder zusammenleimen, aber in ihren ursprünglichen Zustand zurückbringen kann man die Hölzer nicht. Schon gar nicht mit dem Bügeleisen.

Antwort: Papyrus.

Wie hieß der Vorläufer des Papiers, den die alten Ägypter benutzten?

★ 36–37

In einem Alpengletscher hat man 1991 einen 5300 Jahre alten Toten gefunden (Ötzi).

✪ Kann man einen Menschen einfrieren und irgendwann wieder auftauen?

Es ist schon eine verlockende Idee, sich einfrieren und irgendwann in ferner Zukunft wieder auftauen zu lassen. Würde das funktionieren?

Das lässt sich nicht sicher sagen, weil niemand die Fortschritte der Medizin vorhersehen kann. Bislang ist es jedenfalls nicht möglich, ein so großes Lebewesen wie einen Menschen derart schnell einzufrieren, dass sein Körper dabei nicht geschädigt wird. Wenn das Tieffrosten nämlich nicht blitzschnell geschieht, bilden sich in der Körperflüssigkeit Eiskristalle, die einen Großteil des menschlichen Gewebes zerstören. Bei kleinen Lebewesen wie Eizellen, winzigen Würmern oder Insekten funktioniert das Schockgefrieren schon lange sehr gut. Doch das größte Tier, das man bislang eingefroren und später wiederbelebt hat, war ein Würmchen, das weniger als einen Millimeter maß und gerade mal aus rund 30.000 Zellen bestand. Ein Mensch besitzt dagegen rund 100 Billionen höchst unterschiedlicher Zellen, die sehr verschieden auf Temperaturänderungen reagieren. Und dass das Blut während des Einfrierens durch eine Art Frostschutzmittel ersetzt werden muss, vereinfacht die Sache auch nicht gerade.

Doch selbst, wenn man das Problem des schonenden Einfrierens irgendwann in den Griff bekäme – neuere Verfahren erscheinen durchaus erfolgsversprechend –, halten es Mediziner heute für undenkbar, einen Menschen wieder aufzutauen, ohne dass er dabei dauerhaft geschädigt würde. Doch wer weiß, vielleicht ist das in zwei- oder dreihundert Jahren ja möglich. Dann wird die Welt allerdings mit Sicherheit ganz anders aussehen als heute, und der aufgetaute Mensch käme sich so fehl am Platz vor wie ein mittelalterlicher Ritter in unserem hochtechnischen Computerzeitalter. Ob er sich da wohlfühlen würde?

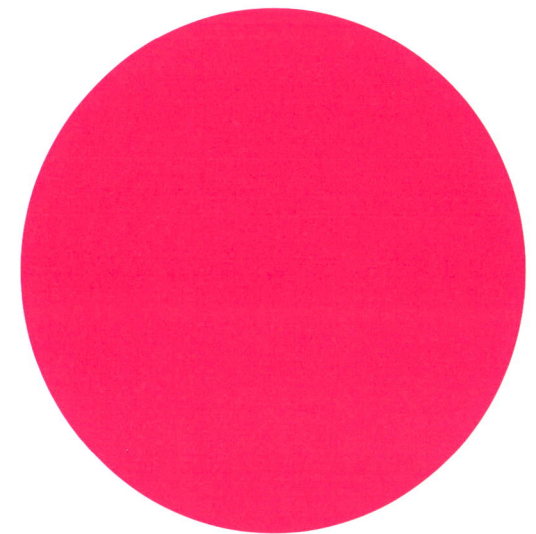

✪ Können wir mit offenen Augen schlafen?

Fragen wir doch mal ganz allgemein: Kann ein Tier – denn biologisch gesehen gehören auch wir Menschen zu den Tieren – schlafen, ohne dabei die Augen zu schließen? Die Antwort ist ganz klar: Nein. Das können nur Fische. Und zwar deshalb, weil ihre Augen im Wasser nicht austrocknen. Das würden unsere nämlich tun, wenn wir nicht ständig beim Blinzeln Tränenflüssigkeit über den Augapfel verteilen würden. Da dieser automatische Lidschlag aber während des Schlafs, wenn unser Gehirn mit anderen Dingen beschäftigt ist, nur sehr schlecht funktioniert, wären unsere Augen schon nach einer Nacht schwer geschädigt.

Hinzu käme die Gefahr, dass in die geöffneten Augen etwas hineingerät. Passiert das tagsüber, wischen wir den Dreck, ohne nachzudenken, einfach weg. Doch während des nächtlichen Schlummers gelänge das allenfalls, wenn wir dabei jedes Mal aufwachen würden. Das hätte dann aber mit Schlafen nur noch wenig zu tun.

Wären unsere Augen offen, bekämen wir zudem alles mit, was sich in unserer Umgebung abspielt. Sofern es um uns herum nicht absolut dunkel wäre, müsste das Gehirn ständig alles verarbeiten, was es sieht. Oder anders gesagt: Wir würden ständig nachdenken und könnten nicht abschalten. Von erholsamem Schlaf könnte dann wirklich keine Rede sein.

Schließlich gibt es noch einen vierten Grund, warum wir nicht mit offenen Augen schlafen können: Sobald wir nämlich die Lider schließen und kein Licht mehr auf die Netzhaut fällt, beginnt eine kleine Drüse im Gehirn, einen Botenstoff namens Melatonin zu bilden, der uns sofort schläfrig macht. Das passiert jedoch nicht, wenn wir die Augen offen lassen.

Es gibt also gleich vier Gründe, warum man nicht mit offenen Augen schlafen kann. Auch wenn Lehrer manchmal das Gegenteil behaupten.

Antwort: Pupille.

Wie heißt das schwarze Loch, durch das Licht in unser Auge fällt?

40–41

◎ Welche sehr beliebte knusprige Speise wird aus Kartoffeln gemacht?

⭐ Warum werden Kartoffeln beim Kochen weich, Eier aber hart?

Egal, ob man Kartoffeln oder Eier kocht, beide Male wirft man sie in sprudelnd heißes Wasser. Holt man sie aber nach einiger Zeit wieder heraus, sind die vorher harten Kartoffeln schön weich geworden, während sich der anfangs flüssige Inhalt der Eier in eine feste Masse verwandelt hat. Ist da Zauberei im Spiel?

Nein, das ist es nicht. Dass Kartoffeln und Eier sich beim Kochen ganz unterschiedlich verhalten, liegt an ihren jeweiligen Hauptbestandteilen. Bei den Kartoffeln ist das vor allem Stärke, die aus ganz vielen, miteinander zu einer langen Kette verknüpften Zuckerbausteinen besteht. Die können das kochende Wasser in sich aufnehmen, wobei sie immer mehr aufquellen und weicher werden. Das ist wie bei einem Schwamm, der sich mit Wasser vollsaugt und dann mühelos zusammendrücken lässt.

Das Innere eines Eis besteht dagegen vorwiegend aus Eiweiß (daher der Name!) oder chemisch ausgedrückt: aus Protein. Das bildet in trockenem Zustand ein zwar dichtes, aber leicht verformbares Knäuel, das uns zähflüssig erscheint. Dass es sich beim Kochen verändert, liegt nun aber nicht am Wasser, sondern an der zugeführten Wärme. Die lässt die Proteinklumpen nämlich an vielen Stellen zusammenkleben, wodurch sie immer fester werden.

Und der Dotter? Warum bleibt der viel länger flüssig als das Eiklar ringsum? Nun, das liegt daran, dass er außer Protein auch noch eine Menge Fett enthält. Und das schmilzt, wenn es warm wird. Deshalb hat ein perfektes Spiegelei einen weichen Dotter. Erst wenn das Fett geschmolzen ist, wird auch der Dotter zu einer kompakten Masse. Dann ist er zwar noch gelb, aber das »Gelbe vom Ei« ist so ein Frühstücksei gewiss nicht mehr.

Antwort: Pommes frites.

Was passiert um dich herum?

✭ Geheimnisvolle Umwelt

- Was wiegt mehr: alle Menschen oder alle Ameisen dieser Erde?
- Wenn alle Menschen gleichzeitig hochspringen, gibt es dann ein Erdbeben?
- Wo bleibt der Wind, wenn er nicht weht?
- Ständig wird Erdöl verbrannt. Wird die Erde dadurch immer leichter?
- Gibt es Ebbe und Flut auch am Baggersee?
- Wenn es Richtung Erdinneres immer wärmer wird, warum ist es dann im Keller so kalt?
- Ist überall auf der Welt am selben Tag Vollmond?

Was wiegt mehr: alle Menschen oder alle Ameisen dieser Erde?

Fest steht, dass auf der Erde sehr viel mehr Ameisen leben als Menschen, aber das beantwortet die Frage nicht. Denn so ein winziges Insekt wiegt gerade mal ein paar Tausendstel Gramm, während es ein Mensch locker auf 100 Kilogramm und mehr bringt. Auch weiß man gar nicht ganz genau, wie viele Menschen auf der Erde leben, und wie viele Ameisen es sind, weiß man schon gar nicht. Also können wir nur schätzen.

Gehen wir einmal davon aus, dass rund sieben Milliarden Menschen unseren Planeten bevölkern und dass diese – Babys und Kleinkinder mitgerechnet – durchschnittlich 50 Kilo wiegen. Dann kommen wir auf ein Menschen-Gesamtgewicht von rund 350 Milliarden Kilo oder – anders gesagt – 350 Millionen Tonnen. Das dürfte zumindest annäherungsweise stimmen. Viel schwieriger ist naturgemäß die Anzahl der Ameisen zu schätzen. Man weiß nicht einmal, wie viele unterschiedliche Arten es gibt – die Angaben schwanken zwischen 11.000 und 12.500. Nehmen wir als Berechnungsgrundlage daher die ungefähre Anzahl pro Quadratmeter und die gesamte von Ameisen bewohnte Fläche auf der Erde. Problematisch ist dabei, dass von den kleinen Tierchen beispielsweise im Wald viel mehr herumkrabbeln als auf einem Acker oder gar in einem gepflegten Hausgarten. Im Durchschnitt, das haben verschiedene Zählungen ergeben, dürften es etwa 400 Stück sein. Die leben aber nur auf einem verhältnismäßig kleinen Teil der Erde, die ja zu fast drei Vierteln mit Wasser bedeckt ist. Dazu kommen Wüsten, vereiste Pole und natürlich Unmengen von Städten, Dörfern, Straßen und anderen zubetonierten Flächen. Multipliziert man das verbleibende Gebiet – das sind rund 50 Billionen oder 50.000.000.000.000 Quadratmeter – mit 400, kommt man auf insgesamt 20 Billiarden (20.000.000.000.000.000) Ameisen. Und da ein einzelnes Insekt im Durchschnitt 16 Milligramm (16 Tausendstel Gramm) wiegt, ergibt sich ein Gesamtgewicht von 320 Millionen Tonnen.

Sollte das stimmen, so würde es bedeuten, dass wir Menschen knapp das Übergewicht haben. Bedenkt man jedoch, wie ungenau die Rechnung ist, kann man getrost behaupten, dass auf unserer Erde alle Ameisen etwa gleich viel wiegen wie wir Menschen.

Woran erkennt man rasch, dass Ameisen zu den Insekten gehören?

Antwort: An den 6 Beinen.

✿ Wenn alle Menschen gleichzeitig hochspringen, gibt es dann ein Erdbeben?

Rund sieben Milliarden Menschen leben auf der Erde. Was wäre, wenn die alle gleichzeitig in die Höhe hüpfen und zur selben Zeit wieder landen würden? Das müsste doch eine ungeheure Erschütterung geben, oder? Vielleicht sogar ein richtiges Erdbeben?

Nein, das gäbe es nicht. Denn allen Menschen zum exakt gleichen Zeitpunkt das Signal zum Abspringen zu geben wäre ganz und gar unmöglich. Und selbst wenn das gelänge, kämen sie nicht alle innerhalb desselben Sekundenbruchteils wieder auf dem Erdboden auf. Dazu wären ihre Hüpfer allein schon aufgrund ihres unterschiedlichen Alters und Gewichts einfach zu verschieden. Aber nehmen wir einmal – rein theoretisch – an, dass auch das funktionieren würde, dann gäbe es zwar eine durchaus spürbare Erschütterung, aber bei Weitem noch kein Erdbeben. Denn die Fläche, auf der die Springer landen würden, wäre viel zu groß. Einen richtig heftigen Stoß bekäme die Erde nämlich nur ab, wenn alle Menschen nicht nur zum genau gleichen Zeitpunkt aufkämen, sondern dazu auch noch exakt an derselben Stelle. Und das ist nun wirklich vollkommen undenkbar.

Wissenschaftler, die es ganz genau wissen wollten, haben ein Experiment gemacht: Sie ließen bei einem Freiluftkonzert 50.000 Rockfans zum Takt der Musik auf- und abhüpfen und maßen mit feinfühligen Instrumenten, wie weit sich die Erde beim Landen eindellte. Das war nicht mehr als ein zwanzigstel Millimeter! Errechnet man daraus das Ausmaß der Erschütterung, das alle 1,3 Milliarden Chinesen oder gar sämtliche Menschen dieser Welt beim Aufspringen erzeugen würden, käme man auf durchaus spürbare Erdstöße. Doch noch immer wäre die Energie, die dabei freigesetzt würde, eine Milliarde Mal geringer als bei einem richtigen Erdbeben.

⇨ Die Stärke von Erdbeben misst man mithilfe der Richterskala.

➺ Ein leichter Wind heißt »Brise«, ein starker »Sturm« und ein ganz heftiger »Orkan

✰ Wo bleibt der Wind, wenn er nicht weht?

Was ist Wind? Na klar, bewegte Luft. Aber warum bewegt sich die Luft mal in die eine und dann wieder in die andere Richtung, warum mal so heftig, dass Bäume umstürzen, und ein andermal scheint sie stillzustehen?

Schuld daran ist die Sonne. Die heizt die Erdoberfläche auf, und zwar in der Regel nicht überall gleich stark. Wo sie hinter dicken Wolken verborgen bleibt, wird es weniger warm als an anderen Stellen, über denen sie strahlend am Himmel steht. Mit dem Erdboden erwärmt die Sonne aber auch die Luft, und die steigt daraufhin nach oben. Segelflugzeuge und Ballone nutzen diesen Effekt aus; am längsten können sie sich in der Luft halten, wenn es warm ist. Wenn aber die Luft nach oben entweicht, entsteht am Boden gleichsam eine Art »Luftloch«, ein Gebiet geringen Luftdrucks, in das von der Seite frische Luft nachströmt. Das ist der Wind. Er weht also umso stärker, je größer die Druckunterschiede in den erdnahen Luftschichten sind. Und wenn infolge gleichmäßiger Erderwärmung praktisch überall der gleiche Luftdruck herrscht, ist es windstill.

Die Frage muss also genau genommen nicht heißen »Wo bleibt der Wind, wenn er nicht weht?«, sondern »Was tut die Luft, wenn kein Wind weht?«. Darauf ist die Antwort einfach: Sie liegt auf der Erde und bewegt sich kaum. Erst wenn die Sonne sie an einer Stelle deutlich stärker erwärmt als an einer anderen, kommt sie in Bewegung. Wenn du dich dann so hinstellst, dass dir der Wind in den Rücken bläst, kannst du mit Sicherheit sagen, dass hinter dir höherer Luftdruck herrscht als vor dir. Und das ganz ohne Wetterbericht.

✪ Ständig wird Erdöl verbrannt. Wird die Erde dadurch immer leichter?

Heizöl ist ein beliebter Brennstoff, mit dem man Wohnungen im Winter schön kuschelig warm bekommt und sicherstellt, dass rund um die Uhr heißes Wasser aus dem Hahn läuft. Zwar gibt es andere Möglichkeiten zu heizen, zum Beispiel mit Gas, Holzpellets oder Erdwärme, doch nach wie vor werden davon jeden Tag viele Millionen Liter verbrannt. Man gewinnt es aus Erdöl, das seit vielen Jahrzehnten rund um die Erde aus zahllosen Bohrlöchern gefördert wird. Etwa 170 Billionen Liter waren das bis heute, das entspricht der Ladung von 260.000 mächtigen Tankschiffen, die hintereinander aufgereiht mehr als 120.000 Kilometer lang wären und damit dreimal um den Äquator reichen würden. Die Menge Öl, die bislang verfeuert wurde, ist also wahrhaft gigantisch. Da müsste die Erde doch eigentlich deutlich leichter geworden sein, oder?

Nein, das ist sie nicht. Denn bei jeder Verbrennung scheint zwar etwas verloren zu gehen, in Wirklichkeit wandelt es sich aber nur in andere Stoffe um. So ist es auch beim Erdöl. Zündet man es an, so verbinden sich seine Bestandteile mit dem Sauerstoff der umgebenden Luft vor allem zu Wasserdampf und Kohlendioxid. Und die sind genauso schwer wie das Öl und der verbrauchte Sauerstoff zusammen. Zwar steigen die Verbrennungsprodukte, da sie gasförmig sind, zunächst in die Höhe, doch bald kühlen sie sich ab und fallen auf die Erde zurück. Die dadurch genauso schwer bleibt wie zuvor.

Dass der Sauerstoff, ohne den grundsätzlich keine Verbrennung möglich ist, irgendwann ausgehen könnte, ist nicht zu befürchten. Denn er wird von den Pflanzen dieser Welt in einem biologischen Prozess namens Fotosynthese ständig in ausreichender Menge nachgeliefert. Zwar ist die massenhafte Verbrennung von Heizöl wegen des dabei entstehenden Kohlendioxids, das zur Erderwärmung beiträgt, durchaus problematisch, aber weder wird dadurch die Erde schrumpfen noch müssen wir ersticken.

☆ 52–53

© Wie heißt die »Fabrik«, in der Erdöl weiterverarbeitet wird?

Die Flut endet mit dem Hochwasser, die Ebbe mit dem Niedrigwasser.

☆ Gibt es Ebbe und Flut auch am Baggersee?

Wer schon einmal Urlaub an der Nordsee gemacht hat, kennt das: Man möchte schwimmen gehen, doch dort, wo noch vor wenigen Stunden das Meer rauschte, ist bis zum Horizont nichts als Land zu sehen. Man sagt, es herrsche gerade Ebbe. Ein paar Stunden später kommt das Wasser langsam wieder zurück – jetzt ist Flut. Dieses Wechselspiel wiederholt sich immerzu: Etwa sechs Stunden lang zieht sich das Meer zurück, und genauso lange steigt es wieder an. Woran liegt das?

Schuld an den Gezeiten – so nennt man Ebbe und Flut – ist der Mond. Der zieht das Wasser genauso an, wie die Erde uns Menschen anzieht und damit verhindert, dass wir von ihr herunterfallen. Schuld daran ist die sogenannte Schwerkraft. Die heißt so, weil sie umso größer ist, je mehr etwas wiegt. Genau genommen, ziehen wir deshalb auch die Erde ein ganz klein wenig an, aber im Vergleich zu der Kraft, mit der sie umgekehrt auf uns wirkt, ist das vollkommen unbedeutend. So zerrt der Mond eben auch an der Erde, und zwar besonders kräftig an dem Teil, über dem er gerade steht.

Befindet sich dort Wasser, so steigt dieses gleichsam Richtung Mond an: Es fließt vom Land weg und bildet weiter draußen einen mächtigen Wasserbuckel. Wenn die Erde sich dann weiter dreht und der Mond scheinbar über den Himmel wandert, lässt seine Anziehungskraft auf das Wasser wieder nach: Es flacht ab und steigt am Ufer an. An der nordfranzösischen Küste macht der Unterschied zwischen Ebbe und Flut bis zu 15 Meter aus, an der Nordsee sind es noch etwa drei Meter, an der Ostsee nur fünf bis zehn Zentimeter und am Bodensee allenfalls wenige Millimeter. So folgt auch das Wasser jedes Sees der Anziehungskraft des Mondes. Da die Menge jedoch, verglichen mit einem Meer, außerordentlich gering ist, ist der – allenfalls rechnerisch zu ermittelnde – Höhenunterschied so winzig, dass ihn kein Mensch bemerken kann. Wer also zum Schwimmen an einen Baggersee fährt, muss keine Angst haben, dass das Wasser gerade weg sein könnte.

✪ Wenn es Richtung Erdinneres immer wärmer wird, warum ist es dann im Keller so kalt?

Bergleute spüren es jeden Tag: Je weiter sie der Förderkorb hinab in den Bauch der Erde trägt, desto wärmer wird es. Und je tiefer unten sie arbeiten müssen, desto heftiger schwitzen sie. Das ist auch nicht weiter verwunderlich, denn mit jedem Meter abwärts kommen sie dem Erdkern näher, wo es ständig mehrere Tausend Grad heiß ist. Aber warum ist es dann im Keller kälter als im übrigen Haus?

Das liegt daran, dass der Keller nur knapp unter der Erdoberfläche liegt. Und in den obersten dreißig bis vierzig Metern ist es das Wetter und nicht das glühende Erdinnere, das die Temperatur bestimmt. Wenn die Sonne scheint, erwärmt sich auch der Boden, und wenn es kälter wird, gibt er die Wärme wieder ab. Sowohl das Warmwerden als auch das Abkühlen geschehen aber sehr, sehr langsam, und deshalb schwankt die Temperatur in den oberen Erdschichten im Lauf des Jahres nur ganz wenig. So ist es in zehn Meter Tiefe fast die ganze Zeit ziemlich genau zehn Grad warm, und fünf Meter weiter oben sind es mit nur sehr geringen Schwankungen jahrein, jahraus zwölf Grad. Weil aber der Keller genau in dieser Schicht liegt, überträgt sich die Umgebungstemperatur auf ihn und hält ihn kühl.

Kurz gesagt: Im Keller ist es deswegen kälter als im übrigen Haus, weil er im Gegensatz zu den übrigen Geschossen nicht von Luft, sondern von Erde umgeben ist.

Wenn du im Hochsommer also mal wieder so richtig schwitzt und dich ein wenig abkühlen möchtest, setz dich eine Weile zu den Kartoffeln in den Keller.

Antwort: Nein, auch in Ställen sowie unter Steinen und Laub.

✿56–57

◎ Leben Kellerasseln nur in Kellern?

◎ Wenn der Halbmond rechts halbrund ist, nimmt der Mond dann ab oder zu?

☆ Ist überall auf der Erde am selben Tag Vollmond?

Von der Erde aus gesehen, scheint der Mond sich ständig zu verändern. Wenn er überhaupt nicht am Himmel zu sehen ist, sprechen wir von Neumond; eine Woche später haben wir dann Halb- und wieder eine Woche später Vollmond. Dann steht er als hell leuchtende, runde Scheibe am nächtlichen Firmament.

Doch in Wirklichkeit bleibt der Mond natürlich immer gleich groß. Die scheinbare Veränderung kommt allein dadurch zustande, dass er, der ja selbst nicht leuchtet, von der Sonne im Lauf eines Monats unterschiedlich angestrahlt wird. Was wir von ihm sehen, ist nämlich immer nur die beschienene Fläche, und deren Größe hängt allein davon ab, wie Sonne, Erde und Mond zueinander am Himmel stehen. Alle vier Wochen bilden sie eine fast gerade Linie Sonne–Erde–Mond. Dann kann die Sonne an der Erde vorbei den Mond voll bescheinen. Und was haben wir dann? Na klar: Vollmond.

Und das überall auf der Welt am selben Tag, wenn auch nicht zur selben Stunde. Denn zu einem bestimmten Zeitpunkt ist der Mond logischerweise nur von derjenigen Hälfte der Erdkugel zu sehen, über der er gerade steht. Doch da die Erde sich ja in 24 Stunden einmal um sich selbst dreht, bekommt jeder ihrer Bewohner den Vollmond in diesem Zeitraum, also am selben Tag, zu sehen.

Das kannst du leicht ausprobieren. Nimm dazu eine Taschenlampe sowie eine größere und eine kleinere Kugel. Die Lampe stellt die Sonne, die größere Kugel die Erde und die kleinere den Mond dar. Nun stelle alle drei so auf, dass die große Kugel ein wenig unterhalb der Verbindungslinie Lampe–kleine Kugel steht. Dann siehst du, dass die Lampe die kleine Kugel voll anstrahlt, was dem Vollmond entspricht. Wenn du nun die größere Kugel um sich selbst drehst, kannst du erkennen, dass jeder Teil gleich lang der voll beleuchteten Mondscheibe zugewandt ist, dass also während eines Tages alle Menschen darauf den Vollmond am Himmel bewundern können.

Antwort: Er nimmt zu.

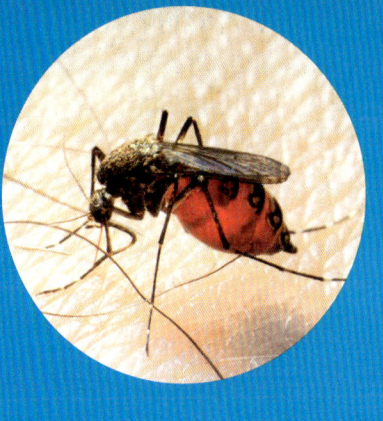

Was ist mit den Tieren los?
✿ Merkwürdig Tierisches

- Wird es Glühwürmchen beim Glühen warm?
- Wenn eine Mücke einen Betrunkenen sticht, wird sie dann selbst betrunken?
- Haben Elefanten Rüsselpopel?
- Warum erschrickt eine Fliege auf dem Bildschirm nicht, wenn das Bild wechselt?
- Können Tiere lachen?
- Stirbt eine Kobra, wenn sie sich auf die Zunge beißt?
- Sind Zebras weiß mit schwarzen Streifen oder schwarz mit weißen Streifen?
- Können Fische seekrank werden?
- Faultier oder Siebenschläfer – wer von beiden ist fauler?
- Warum gibt es keine Tiere mit drei Beinen?
- Haben Schlangen einen Schwanz?
- Können Hunde Angst riechen?

◎ Welche Farbe haben Glühwürmchen, wenn sie nicht leuchten?

✪ Wird es Glühwürmchen beim Glühen warm?

Vor allem im Juni kann man sie nachts in großer Anzahl bewundern: Glühwürmchen, die mit einer Art Minischeinwerfer ausgerüstet sind und wie kleine Sterne fröhlich durch die Dunkelheit schwirren. Eigentlich ist der Name falsch, denn die kleinen Tiere sind gar keine Würmer, sondern winzige Käfer. Es gibt davon mehr als 2000 unterschiedliche Arten, aber allen ist gemeinsam, dass nur die Männchen fliegen können. Die Weibchen leuchten zwar auch, aber weil sie nur sehr kleine, fluguntaugliche Flügel besitzen, müssen sie am Boden bleiben. Dort können die Männchen sie jedoch gut sehen und landen schon nach kurzer Zeit neben ihnen, um sich mit ihnen zu paaren. In Amerika gibt es allerdings eine Art, bei der die Weibchen ein falsches Spiel spielen und mit ihren Leuchtsignalen fremde Männchen anlocken, um sie dann genüsslich zu verspeisen.

Wie alle Glühwürmchen leuchten auch diese hinterhältigen Biester nicht aufgrund irgendeines elektrischen Vorgangs, sondern als Ergebnis komplizierter chemischer Reaktionen, bei denen vor allem Fettstoffe als Energiequelle dienen. Deshalb hat das grünliche Licht auch ganz andere Eigenschaften als elektrisch er-

zeugtes. Vor allem entsteht dabei, anders als etwa in einer Glühbirne, nicht die Spur von Wärme. Die kleinen Tierchen können also auf der Suche nach einer Partnerin oder einem Partner fröhlich die ganze Nacht hindurch funkeln, ohne dass ihnen dabei im Geringsten warm wird. Woraus hervorgeht, dass nicht nur ihr zweiter Namensteil – »würmchen« –, sondern auch der erste – »Glüh-« – falsch ist. Denn genau genommen müssten die putzigen Wesen eigentlich »Leuchtkäfer« heißen. Aber die Bezeichnung ist nun mal nicht gebräuchlich, und den winzigen Insekten dürfte ihr Name ohnehin völlig egal sein. Hauptsache, sie finden durch ihr Leuchten ein Männchen beziehungsweise Weibchen, mit dem sie für neue Glühwürmchen sorgen können.

✪ Wenn eine Mücke einen Betrunkenen sticht, wird sie dann selbst betrunken?

Hören wir eine Mücke mit nervigem Gesumme um unseren Kopf herumschwirren oder spüren wir gar, dass sie im Begriff ist, auf unserer Haut zu landen, so versuchen wir automatisch, sie totzuschlagen. Deshalb sollte man doch meinen, dass ein Betrunkener für sie das ideale Opfer wäre. Schließlich hört er in seinem Suff weder ihr Sirren noch spürt er ihren Stich und lässt sie daher so lange völlig wehrlos sein Blut saugen, bis sie satt ist. Doch was passiert danach? Ist das Tier nach einer ausgiebigen Blut-Alkohol-Mahlzeit überhaupt noch imstande, geradeaus zu fliegen?

Um das herauszufinden, haben sich Forscher im Dienst der Wissenschaft absichtlich betrunken und anschließend Mückenweibchen (denn nur die stechen) auf ihre Haut gesetzt und Blut saugen lassen. Doch wenn sie nun erwartet hatten, die Tierchen wären nach der Blutmahlzeit beschwipst, sahen sie sich getäuscht: Den Mücken war nichts anzumerken.

Machte ihnen der Alkohol wirklich nichts aus, oder vertrugen sie einfach unwahrscheinlich viel?

Nun ließ sich diese Frage natürlich nicht einfach dadurch klären, dass die Forscher immer mehr Hochprozentiges in sich hineinschütteten, schließlich ist das für einen Menschen gefährlich. Also gaben sie in eine Schüssel Blut so viel Alkohol, wie selbst ein extrem trinkfester Mensch kaum noch verträgt. Dann sahen sie zu, wie die Mücken ihre Rüssel mit offensichtlichem Vergnügen in dieses Gemisch tauchten und gierig davon tranken. Und siehe da: Als die Insekten fertig waren, waren sie tatsächlich allesamt sturzbetrunken. Einige torkelten planlos hin und her, andere flogen kurz auf, um sofort wieder herabzuplumpsen, und wieder andere konnten sich an keiner Wand mehr halten, fielen auf den Rücken und zappelten hilflos mit den Beinen.

Man sieht, schwere Räusche gibt es auch bei Mücken. Allerdings kaum bei solchen, die betrunkene Menschen stechen. Dazu vertragen die winzigen Tierchen schlicht zu viel Alkohol. Ein Mensch sollte also besser nicht versuchen, eine Mücke unter den Tisch zu trinken.

Manche Mücken übertragen beim Blutsaugen gefährliche Krankheitserreger. ✻ 64–65

Mit seinem Rüssel kann ein Elefant noch Blätter in 7 Meter Höhe erreichen.

✮ Haben Elefanten Rüsselpopel?

Ob im Rüssel eines Elefanten mehr oder minder dicke Popel stecken, so wie manchmal in unserer Nase, kann natürlich niemand mit Gewissheit sagen. Denn bei einem lebenden Dickhäuter nachgeschaut hat noch keiner. Das wäre auch alles andere als einfach, ist das schlauchartige Organ doch viel zu lang, um sein düsteres Inneres auszuleuchten. Abgesehen davon, dass ein Elefant so etwas bestimmt nicht mit sich geschehen ließe.

Fest steht, dass der graue Riese durch den Rüssel atmet und riecht, sodass dieser für ihn tatsächlich eine Art Nase ist. Außerdem verwendet er das schlauchartige Organ als Pumpe, mit der er bis zu zehn Liter Wasser ansaugen kann. Die schluckt er allerdings nicht direkt, sondern spritzt sie sich kraftvoll ins Maul, wobei er bis zu 200 Liter in fünf Minuten schafft. Und genau diese Wucht beim Ausschnauben spricht sehr dagegen, dass sich in seinem Rüssel Popel festsetzen. Denn die bestehen aus getrocknetem Nasenschleim, und selbst wenn sich tatsächlich mal einer bilden würde, flöge er beim nächsten Tröten wie eine Kanonenkugel in hohem Bogen heraus.

Aber höchstwahrscheinlich ist es überhaupt nicht möglich, dass sich in einem Elefantenrüssel Schleimklumpen bilden. Denn im Gegensatz zu unserer Nase ist es in der des Elefanten stets feucht und glitschig, sodass nichts haften bleibt. Und auch die kleinen Härchen, die wir Menschen in der Nase haben und an denen Rotzbrocken gern hängen bleiben, gibt es in einem Rüssel nicht.

Wozu sollten die Popel für einen Elefanten auch gut sein? Schließlich hat er ja keine Finger, mit denen er ausdauernd und genussvoll danach graben, eben popeln, kann.

✪ Warum erschrickt eine Fliege auf dem Bildschirm nicht, wenn das Bild wechselt?

Es ist schon merkwürdig: Versucht man, eine Fliege mit einem schnellen Schlag zu erledigen, klappt das meist nicht. Denn sobald sich die Hand nähert, sirrt sie davon. Also hat sie ihre Umgebung genau beobachtet. Sitzt sie aber auf einem Fernseh- oder Computerbildschirm und unter ihr wird es plötzlich dunkel oder gleißend hell oder die Farben ändern sich in rascher Folge, scheint das die Fliege überhaupt nicht zu stören. Woran liegt das?

Nun, dass ein Bildwechsel einer Fliege nichts ausmacht, liegt an ihren sogenannten Facettenaugen, die aus sehr vielen winzigen Einzelaugen zusammengesetzt sind. Mit denen sieht sie zwar erheblich weniger scharf als wir Menschen mit unseren Linsenaugen, dafür erfasst sie pro Sekunde bis zu fünfmal mehr Bilder. Sie nimmt also gleichsam alles in Zeitlupe wahr. Deshalb hat man auch kaum eine Chance, sie mit einem raschen Handschlag zu treffen. Die Fliege sieht die Hand so langsam auf sich zukommen, dass ihr genügend Zeit bleibt davonzufliegen. Und so scheint für sie auch das Bild auf dem Schirm eher gemächlich zu wechseln – so langsam jedenfalls, dass sie deswegen nicht die Spur in Panik gerät.

Die Facettenaugen großer Libellen bestehen aus bis zu 28.000 Einzelaugen.

Gibt es Tiere, die weinen können?

☆ Können Tiere lachen?

Laut kreischend rasen Joko und Kiki durch das Affengehege. Jeder der beiden Zwergschimpansen will unbedingt als Erster die Banane haben, die jemand durch das Gitter hereinhält. Kiki ist schneller. Schon streckt sie die Arme nach dem Leckerbissen aus, da greift Joko zu einem Trick: Er kitzelt seine Schwester am Bauch, worauf die in gackerndes Gelächter ausbricht. Und schon ist Joko mit der Banane auf und davon.

Ja, Affen können tatsächlich lachen. Besonders bei den Zwergschimpansen oder Bonobos, die uns Menschen auch in vielen anderen Dingen sehr ähnlich sind, kann man das oft beobachten. Freilich nicht, indem man ihnen einen Witz erzählt. Aber wenn man junge Äffchen kitzelt, kringeln sie sich zusammen, ziehen die Oberlippe hoch und atmen ganz anders als sonst: stoßweise, fast keuchend. Allerdings geht das so gut wie geräuschlos vonstatten: Ein lautes »Ha-ha-ha«, »Ho-ho-ho« oder »Chrrr-chrrr« gibt es bei den Bonobos nicht.

Doch nicht nur Affen lachen. Auch viele Hundebesitzer schwören, dass ihre Vierbeiner, wenn sie vergnügt sind oder wenn man sie überschwänglich lobt, zumindest fröhlich grinsen. Die Tiere ziehen dann die Lefzen hoch, entblößen ihre Schneidezähne und schnaufen in abgehackten Stößen. Ob man das allerdings wirklich Lachen nennen kann, darüber streiten sich die Fachleute. Und weisen darauf hin, dass auch Delfine so aussehen, als würden sie die ganze Zeit vor sich hin lächeln. Dabei scheint das nur an der Form ihrer Schnauze mit dem leicht vorstehenden Unterkiefer und der geschwungenen Mundöffnung zu liegen.

Ganz sicher aber lachen Ratten, auch hier vor allem die kleinen. Wenn sie miteinander rumtoben, aber auch, wenn man sie am Bauch kitzelt, kichern sie begeistert. Allerdings in einer Tonhöhe, die wir mit unseren Ohren nicht wahrnehmen und nur mit Spezialmikrofonen hörbar machen können.

Und das ist auch gut so. Denn bekanntlich gibt es auf der Welt viel mehr Ratten als Menschen. Könnten wir die alle hören, würde uns ihr ständiges Gegacker mit Sicherheit ganz schön auf die Nerven gehen.

Antwort: Nein.

✪ Stirbt eine Kobra, wenn sie sich auf die Zunge beißt?

Wohl jedem passiert es hin und wieder, dass er sich beim Essen, aber auch in einer besonders stressigen Situation auf die Zunge beißt. Das blutet vielleicht und tut auf alle Fälle ganz schön weh, aber gefährlich ist es nicht. Doch wie ist das bei einer Giftschlange? Wenn die sich selbst verletzt, dringt doch Gift in ihren Körper ein, und das kann ja wohl nicht gesund sein, oder? Geht sie daran vielleicht sogar zugrunde?

Nun, dass eine Schlange sich auf die Zunge beißt, kommt aus zwei Gründen praktisch nicht vor: Zum einen ist die Zunge viel zu schmal, um mit dem Gebiss in Konflikt zu geraten, und zum anderen werden die Zähne normalerweise erst aufgerichtet, wenn das Reptil den Mund weit geöffnet hat und kurz davor ist, sie in ein Beutetier zu schlagen. Dagegen bleiben die Giftzähne bei der eigentlichen Nahrungsaufnahme in einer Hautfalte verborgen. Dass sich das Tier beim Fressen selbst verletzt, scheidet somit aus. Allenfalls wenn die Zähne – meist infolge einer vorangegangenen Schädelverletzung – schief im Kiefer stehen, können sie der Zunge gefährlich werden.

Doch es ist natürlich möglich, dass eine Kobra eine Artgenossin beißt. Das kommt zum Beispiel in Terrarien vor, in denen mehrere Schlangen gleichzeitig gefüttert werden. Da passiert es schon mal, dass die eine beim Schnappen nach einem Beutetier versehentlich eine andere erwischt. Doch das macht der nichts aus, denn gegen das Gift der eigenen Art sind Reptilien normalerweise immun. Beißt eine Kobra dagegen eine fremde Schlange – die frisst sie nämlich mit Vorliebe –, überlebt diese das nicht. Für sie ist das Gift genauso tödlich wie für alle anderen Tiere, von denen Kobras sich ernähren.

Zum Glück gehören wir Menschen nicht zu ihrer Beute, aber trotzdem tun wir gut daran, einer Kobra aus dem Weg zu gehen. Taucht plötzlich eine vor uns auf, gibt es nur einen Ausweg: schleunigst die Flucht ergreifen. Auch wenn wir uns dabei vor Aufregung auf die Zunge beißen.

© Wie heißt die Kobra mit deutschem Namen?

Außer in Afrika gibt es Zebras nur im Zoo.

✯ Sind Zebras weiß mit schwarzen Streifen oder schwarz mit weißen Streifen?

Bevor wir uns mit dieser Frage beschäftigen, wollen wir kurz klären, warum Zebras überhaupt gestreift sind. Das ist nämlich keinesfalls eine bloße Laune der Natur, sondern bringt den pferdeähnlichen Tieren gleich zweierlei Nutzen: Zum einen erkennen sie sich an ihrem individuellen Muster wieder, auch Zebrajunge finden so problemlos ihre Mutter inmitten einer größeren Herde. Das können wir uns nur schwer vorstellen, aber wir sind ja auch keine Zebras. Für uns sehen ja auch viele Asiaten ähnlich aus, und das nur deshalb, weil wir nicht von klein auf gelernt haben, ihre Gesichtszüge zu unterscheiden. Asiaten geht das mit uns umgekehrt genauso, und vermutlich ähneln wir Menschen, egal, ob Chinese oder Europäer, einem Zebra auch wie eine Haselnuss der anderen. Zum anderen dienen die Streifen der Tarnung. Im flirrenden Licht der afrikanischen Steppe mit dem ständigen Wechsel von Licht und Schatten lösen sie sich aus der Entfernung vollkommen auf, sodass etwa ein Löwe ein Zebra aus einer gewissen Distanz kaum erkennen kann. Weltweit machen sich Soldaten ähnliche Muster bei ihren Tarnanzügen zunutze.

Aber nun zur Grundfarbe. Fest steht, dass die Haut eines Zebras, auf der die Haare wachsen, einheitlich schwarz ist. Daraus aber den Schluss zu ziehen, es habe weiße Streifen auf schwarzem Untergrund, ist falsch, denn auf der dunklen Haut sprießen ja nicht nur die weißen, sondern auch die schwarzen Fellanteile, sodass man korrekterweise sagen müsste, ein Zebra sei »schwarz-weiß auf Schwarz« gefärbt. Aber auch das ist nicht der Weisheit letzter Schluss. Denn schließlich hat auch ein Eisbär unter seinem hellen Fell eine schwarze Haut, ohne dass jemand auf die Idee käme, seine Farbe sei »Weiß auf Schwarz«.

Lassen wir es also einfach dabei, dass ein Zebra, je nach Sichtweise, schwarz-weiß oder weiß-schwarz gestreift ist.

✿ Können Fische seekrank werden?

Den meisten Menschen, die es nicht gewohnt sind, auf einem schwankenden Schiff durch die Wellen zu schaukeln, wird dabei schlecht. Und zwar so sehr, dass sie ihr Frühstück, Mittag- oder Abendessen, kaum dass sie es verspeist haben, gleich wieder den Fischen spendieren. Das nennt man Seekrankheit. Die bekommt man, weil Auge und Gleichgewichtsorgan dem Gehirn vollkommen Unterschiedliches melden. Denn das Auge sieht den geraden Horizont und schließt daraus »keine Bewegung«, während das Gleichgewichtsorgan heftiges Schaukeln und Kippen übermittelt. »Hilfe, eine Vergiftung!«, schließt das Gehirn daraus und sorgt umgehend dafür, dass das vermeintliche Gift möglichst schnell wieder aus dem Körper befördert wird. Doch wie ist das mit den Fischen? Die werden doch von den Wellen auch ganz schön herumgewirbelt. Werden die auch seekrank?

In der Tat, das werden sie. Denn auch Fische besitzen ein Gleichgewichtsorgan, das ihnen ermöglicht, im Wasser oben und unten, links und rechts zu unterscheiden und beim Schwimmen nicht planlos herumzueiern. Außerdem verfügen sie über ein sogenanntes Seitenlinienorgan. Das erfasst fortwährend Strömungen und Druckwellen und leitet diese Informationen ebenfalls an das Gehirn weiter. Wenn nun so ein Fisch in heftig bewegtes Wasser, in einen Strudel oder kabbelige Wellen gerät, so hat sein Gehirn dasselbe Problem wie das eines Menschen auf dem schwankenden Schiff. Folge: Dem Tier wird übel, und es übergibt sich zuckend.

Daran sollten vor allem Aquarienliebhaber denken, die wertvolle Fische von einer Zoohandlung nach Hause transportieren. Denn in ihrem hin und her schaukelnden Behälter können sie nicht, wie in ihrer natürlichen Umgebung, einfach in tiefere und ruhigere Zonen abtauchen. Sie werden von heftigen Druckwellen hin und her geschleudert und prallen immer wieder vom Rand des Eimers oder der Plastiktüte zurück. Kein Wunder, dass die armen Fische den Heimweg dann im wahrsten Sinne des Wortes »zum Kotzen« finden.

Ein einziger japanischer Brokatkarpfen oder Koi kann mehr als 10.000 Euro kosten.

Zu welcher Tiergruppe gehören Siebenschläfer, Baumschläfer und Haselmäuse?

☆ Faultier oder Siebenschläfer – wer von beiden ist fauler?

Faultiere und Siebenschläfer sind zwei grundverschiedene Tiere. Denn während Faultiere gut einen halben Meter lang werden und bis zu fünf Kilo wiegen, bringen es die putzigen Siebenschläfer gerade mal auf dreißig Zentimeter Länge und ein Gewicht von etwa 150 Gramm. Außerdem leben Faultiere in den tropischen Regenwäldern Südamerikas, Siebenschläfer dagegen fast ausschließlich in Mittel- und Osteuropa. Das Einzige, was sie gemeinsam haben, sind Namen, die klingen, als wären sie furchtbar träge. Tatsächlich verschlafen beide einen Großteil des Jahres. Und so stellt sich die interessante Frage, wer von beiden der größere Penner ist.

Um das herauszufinden, müssen wir nur ein bisschen rechnen. Siebenschläfer – das sagt schon der Name – schlafen pro Jahr ziemlich genau sieben Monate. Im Oktober ziehen sie sich in ihr Winterquartier zurück, aus dem sie erst Anfang Mai wieder ans Tageslicht kommen. Dagegen sind Faultiere das ganze Jahr über aktiv, verschlafen jedoch von jedem Tag ungefähr 16 Stunden. In einem Jahr mit seinen 365 Tagen sind das insgesamt 5840 Stunden. Daraus lässt sich leicht errechnen, dass Faultiere jedes Jahr etwas mehr als acht Monate schlafen.

Das würde bedeuten, dass Siebenschläfer die Fleißigeren sind. Doch das scheint nur so. Denn auch in ihrer Wachzeit sind die mausartigen Tierchen fast ausschließlich bei Dunkelheit unterwegs, den Tag über dösen sie in ihrem Nest. Wenn man davon ausgeht, dass es an einem Sommertag durchschnittlich 15 Stunden lang hell ist, verschlafen Siebenschläfer von jedem Nicht-Winterschlaf-Monat also noch mal rund 450 Stunden. Von Mai bis September sind das volle drei Monate! Über das ganze Jahr gesehen, liegen sie also zehn der zwölf Monate in süßem Schlummer und übertreffen damit die Faultiere deutlich. Fazit: Faul sind alle beide, Siebenschläfer aber eindeutig fauler.

Antwort: Zu den Bilchen.

✹ Warum gibt es keine Tiere mit drei Beinen?

Fische, Würmer, Blindschleichen und Schlangen haben gar keine Beine, wir Menschen besitzen zwei, die meisten Säugetiere vier, Insekten sechs und Spinnentiere acht. Wenn ein Tier also überhaupt Beine hat, dann stets eine gerade Anzahl. Warum aber nicht drei?

Das liegt an einem grundlegenden Prinzip der Biologie: der Evolution. Die besagt, dass ein Lebewesen ein bestimmtes Merkmal nur dann dauerhaft behält, wenn es ihm etwas nützt. Und das wäre bei einem dreibeinigen Tier nicht der Fall. Weder könnte es besser das Gleichgewicht halten noch schneller laufen, höher springen oder geschickter klettern. Deshalb sind im Lauf der Erdgeschichte, abgesehen von den im Wasser lebenden Schwämmen und Quallen, schon seit mehr als 600 Millionen Jahren nur Tiere entstanden, die aus zwei gleichen, das heißt symmetrischen Körperhälften bestehen. Und da, falls ein Tier überhaupt Beine hat (die ebenfalls symmetrischen Fische beispielsweise haben keine), aus jeder Körperhälfte mindestens eines herauswächst, kann es keine ein-, drei-, fünf- oder siebenbeinigen Tiere geben. Selbst Tausendfüßler besitzen auf beiden Seiten gleich viele Beine und damit eine gerade Anzahl.

Es ist zwar denkbar, dass irgendwann schon einmal ein Tier mit drei Beinen geboren wurde, aber das konnte sich mit Sicherheit nicht gegen die zwei-, vier-, sechs- und achtbeinige Konkurrenz durchsetzen und starb daher rasch wieder aus. Heutzutage gibt es ein solches Tier jedenfalls nirgendwo auf der Erde, und es ist auch nicht bekannt, dass es jemals eines gegeben hat.

▷▷Tausendfüßler besitzen nicht 1000, sondern höchstens 700 Beine.

➪ Von den weltweit rund 2700 Schlangenarten sind etwa 250 giftig.

✪ Haben Schlangen einen Schwanz?

Wenn man eine Schlange betrachtet, könnte man meinen, sie bestünde aus nichts weiter als aus einem Kopf und einem langen Schwanz. Doch das ist natürlich Blödsinn. Vielmehr setzt sich auch ein Schlangenkörper aus unterschiedlichen Körperteilen zusammen – nur dass Arme und Beine fehlen. Und deshalb besitzen sämtliche Schlangen auch einen Schwanz, von dem sich allerdings auf den ersten Blick kaum sagen lässt, wo er anfängt. Dabei gibt es dafür eine feste Regel: Der Schwanz beginnt immer hinter der sogenannten »Kloake«, der Ausscheidungs- und Geschlechtsöffnung. Alles, was kopfwärts davon liegt, sind Bauch, Brust und Kopf, alles dahinter ist Schwanz.

Den schleppen die meisten Schlangen mehr oder minder nutzlos mit sich herum. Es gibt jedoch ein paar Arten – vor allem tropische Baumnattern –, die ihn dringend brauchen, um sich damit an Ästen und Zweigen festzuklammern. Aber wie lang der Schwanz auch sein mag, noch nie ist in freier Wildbahn beobachtet worden, dass sich eine Schlange mit sich selbst verknotet hätte. Selbst bei der Paarung der gewaltigen Anakonda, bei der sich gleich mehrere Männchen so eng um ein einziges Weibchen winden, dass sie zusammen tatsächlich eine Art Knoten bilden, zieht der sich niemals so fest zu, dass die Tiere nicht mehr voneinander loskämen. Man muss also eher von einem Knäuel als von einem Knoten sprechen.

Übrigens kann man aus der Schwanzlänge oft darauf schließen, ob eine Schlange gefährlich ist oder nicht. Denn Gift produzieren fast nur die eher gedrungenen Arten wie zum Beispiel die Kreuzotter oder die Klapperschlange, während die lang gestreckten, etwa die Ringelnatter, fast alle ungefährlich sind. Doch wem nutzt dieses Wissen? Schließlich geraten die meisten Menschen beim Anblick einer Schlange dermaßen in Panik, dass sie schnellstmöglich Reißaus nehmen. Ohne auch nur eine Sekunde über die Schwanzlänge nachzudenken.

☆ Können Hunde Angst riechen?

Grrrr!« Leise knurrend kommt der Schäferhund auf dich zu. Seine Nackenhaare sind aufgestellt, und gefährlich fletscht er seine Zähne. Sofort ist dir klar: Mit dem ist nicht zu spaßen! Was also tun? Du drehst dich um, willst davonlaufen, doch dann erinnerst du dich an die Mahnung deiner Eltern: »Nie vor einem Hund ausreißen! Er riecht, dass du Angst hast und wenn du davonläufst, beißt er erst recht zu.« Aber stimmt das? Kann ein Hund unsere Gefühle erschnuppern?

Unsere Gefühle natürlich nicht, aber die Stoffe, die unser Körper dabei verströmt. Die nehmen wir selbst gar nicht wahr, sehr wohl aber die anderen. Deshalb sehen sie uns nicht nur an, ob wir glücklich, aufgeregt, traurig oder verliebt sind, sondern riechen das auch – allerdings fast immer völlig unbewusst. Auf diese Weise dienen Duftstoffe dem Zusammenleben mit anderen Menschen. Denn auch die verströmen natürlich derartige Dünste, die dann um-gekehrt unser Empfinden und Verhalten beeinflussen.

Nun besitzt ein Hund aber mehr als zehn Mal so viele Riechzellen wie wir und kann daher viel mehr Düfte unterscheiden. Deshalb wittert er auch mühelos die Substanzen, die unser Körper absondert, wenn wir ängstlich sind. Und weil Gerüche das Verhalten eines Hundes viel mehr bestimmen als das, was er sieht, bringt es nichts, vor dem knurrenden Hund allen Mut zusammenzunehmen und scheinbar unerschrocken auf ihn zuzugehen. Unsere Angst bekommt er trotzdem mit.

Viel besser ist es, dem Hund zu signalisieren, dass man ihn respektiert. Dazu sollte man ganz ruhig den Rückzug antreten und sein Revier langsam verlassen. Den Helden zu spielen ist das Dümmste, was man tun kann.

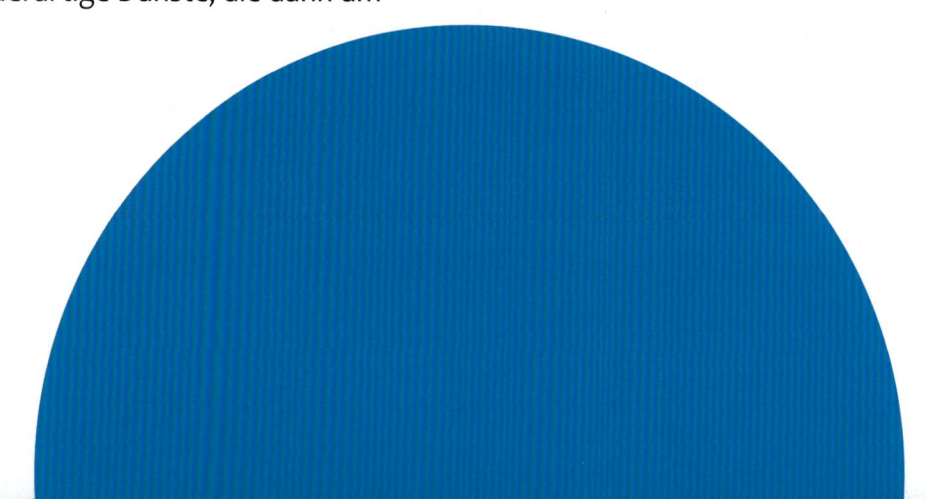

☆ 84–85

⇨ Ein Hund riecht etwa eine Million Mal besser als ein Mensch.

Was du nicht sagst!

☆ Kuriose Redewendungen

- Warum ist die Leberwurst beleidigt?
- Warum sagen wir »Au«, wenn's wehtut, und »Puh«, wenn's stinkt?
- Wie viel geht auf eine Kuhhaut?
- Haben Esel Eselsohren?
- Wenn man keinen Hunger hat, ist man satt. Aber was ist man, wenn man keinen Durst hat?
- Warum spart man Geld in einem Sparschwein und nicht in einer Sparkatze oder Sparkuh?
- Findet ein blindes Huhn tatsächlich mal ein Korn?
- Warum setzen wir uns auf unsere »vier Buchstaben«?
- Warum sagt man, jemand hat die Arschkarte gezogen?

➼ Mehr als die Hälfte aller deutschen Würste haben eine Haut aus Tierdarm.

✪ Warum ist die Leberwurst beleidigt?

Eine Wurst, egal ob Mett-, Gelb-, Hart- oder Jagdwurst, kann nicht beleidigt sein, so viel steht fest. Denn eine Wurst hat nun mal keine Gefühle, sie ist nicht in der Lage, sich zu freuen, wütend zu werden oder zu schmollen. Bei der Leberwurst ist das jedoch ein klein wenig anders, was aber nicht an der Wurst, sondern allein an der Leber liegt. Die galt nämlich in früheren Zeiten als das Organ des menschlichen Körpers, in dem Glück, Freude, Liebe, Angst, Neid und eben auch Zorn und Enttäuschung wohnen. Das erkennt man bis heute an Redewendungen wie der von der »Laus, die einem über die Leber läuft« oder dem »Frei-von-der-Leber-weg-Reden«.

Was hat das aber mit der Wurst zu tun? Nun, die kam offenbar erst viel später ins Spiel. Wahrscheinlich dachten die Leute irgendwann, von einer beleidigten Leber zu sprechen klinge doch reichlich unappetitlich, und da haben sie daraus eben die Leberwurst gemacht, die ja jeder als Brotaufstrich kannte. Und weil wir nun einmal dazu neigen, alles logisch erklären zu wollen, hat sich jemand nachträglich eine Geschichte ausgedacht, bei der die Leberwurst Grund hatte, aus nichtigem Anlass wütend zu sein. Die geht so: Irgendwann und irgendwo hat einmal ein Metzger Würste gekocht. Dabei hat er alle, die früher gar wurden als die Leberwurst und daher nicht so lange im sprudelnden Wasser bleiben mussten, zuerst herausgenommen. So schwamm die arme Leberwurst am Ende ganz allein im Kessel herum. Sie fühlte sich benachteiligt und wurde immer zorniger, bis sie schließlich in ihrem Stolz so beleidigt war, dass sie platzte.

Wenn du dir also wieder mal eine Leberwurst schmecken lässt, sei nett zu ihr!

◎ »Auweh« sagt man, wenn etwas wehtut und wenn man etwas …?

⭐ Warum sagen wir »Au«, wenn's wehtut, und »Puh«, wenn's stinkt?

Ausrufe wie »Aua«, »Puh«, »Oh« und »Ach« gibt es in jeder Sprache. Aber so kurz sie auch sein mögen, sind sie doch vollständige Wörter. Sprachforscher haben nämlich herausgefunden, dass kleine Kinder sie genauso lernen müssen wie alle anderen Wörter auch. Tut sich ein Baby weh, schreit es zwar laut, aber »Aua« sagt es nicht. Das kommt erst später, wenn es sprechen kann.

Warum der Schmerzlaut nun ausgerechnet »Aua«, der Lecker-Schmecker-Laut »Hmmm« und der Stinkelaut »Puh« heißt, weiß man nicht. Fest steht jedoch, dass die kurzen Ausrufe sehr praktisch sind, ersetzen sie doch oft komplette Sätze. Ja, manchmal haben sie – je nach Betonung – sogar mehrere Bedeutungen. Erzählt dir zum Beispiel jemand, dass sein Hund gestorben ist, sagst du vielleicht »Oh!« und drückst damit aus, dass es dir leidtut und du mitfühlst. Bekommst du jedoch zu Weihnachten ein Geschenk, über das du dich ganz besonders freust, hat dein überraschtes »Oh!« einen ganz anderen Tonfall. Und in beiden Fällen verstehen dich deine Gesprächspartner, obwohl du nur ein einziges, kurzes Wort gesagt hast.

Weil die kurzen Einwürfe tatsächlich echte Wörter sind, sind sie auch von Sprache zu Sprache verschieden. So ruft ein Deutscher, wenn ihm etwas wehtut, eben »Aua!«, ein Finne »Ai!«, ein Kroate »Joj!« und ein Japaner »Itai!«. Gerade so, wie sie es als kleines Kind gelernt haben. Und wenn derjenige dann noch – was er ganz automatisch tut – das passende Gesicht dazu macht, versteht ihn jeder.

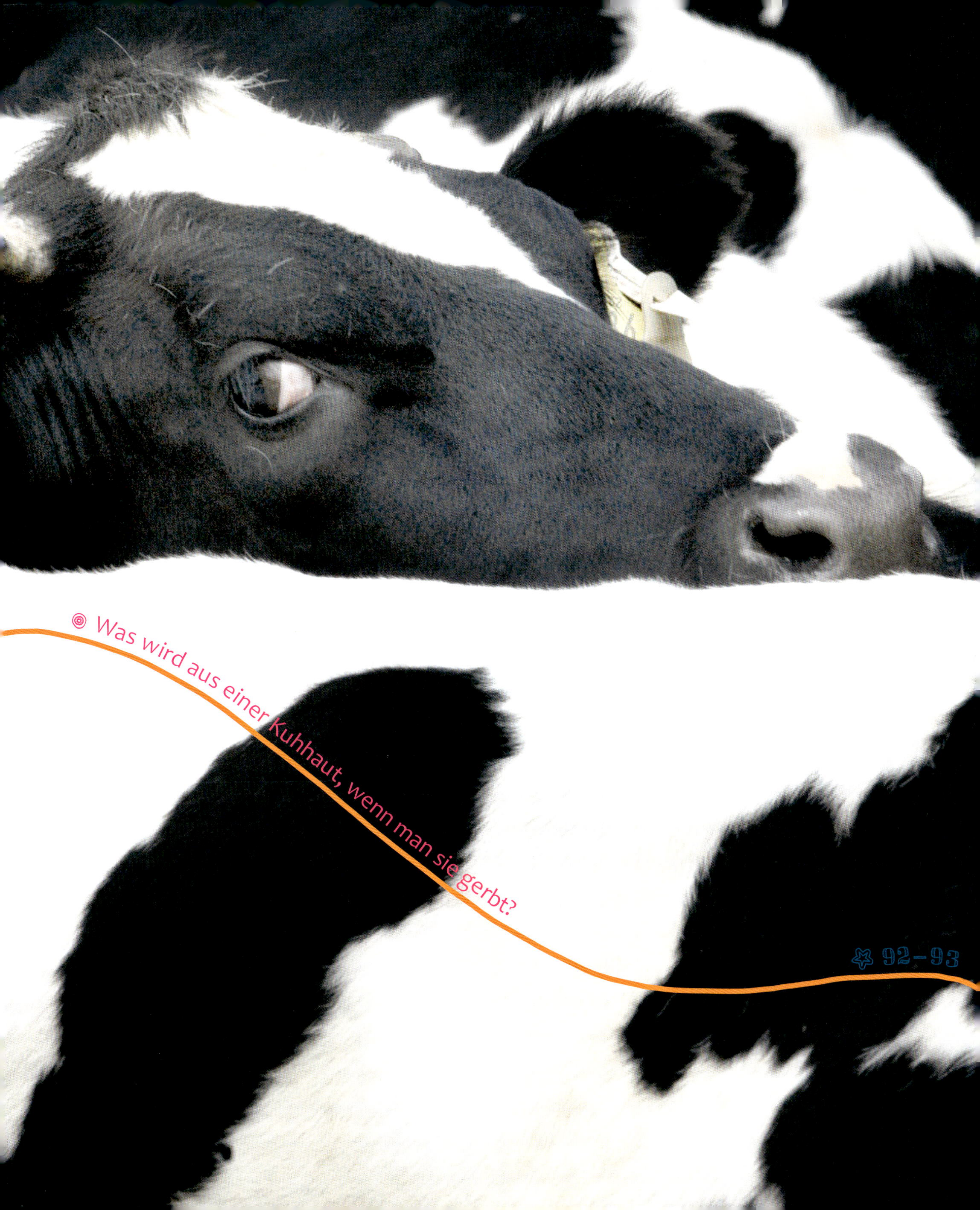

Was wird aus einer Kuhhaut, wenn man sie gerbt?

92–93

☆ Wie viel geht auf eine Kuhhaut?

Das geht doch auf keine Kuhhaut!«, sagen wir, wenn uns etwas übertrieben vorkommt, wenn wir finden, so gehe das aber wirklich nicht. Etwa: »Wie das Kind immer gleich schreit, wenn ihm etwas nicht passt, das geht auf keine Kuhhaut!« Oder: »Wie du dein Zeug überall herumliegen lässt, das geht auf keine Kuhhaut!« Was kann aber die arme Kuh dafür, dass uns etwas nervt?

Die Redensart geht auf den Glauben der Menschen im Mittelalter zurück, der Teufel schreibe die Sünden eines Menschen fein säuberlich auf. All die Missetaten lese er ihm dann am Jüngsten Tag, wenn die Menschen in Gut und Böse eingeteilt würden, vor, um ihn zu sich in die Hölle zu holen. Damals schrieb man aber auf Pergament, das aus Tierhäuten gefertigt wurde, und die waren unterschiedlich groß. Um darauf die Verfehlungen eines »gewöhnlichen« Sünders zu notieren, genügte dem Teufel die Haut eines Schafes oder eines Kalbes. Hatte er es jedoch mit einer zweifelhaften

Person zu tun, die es mit Ehrlichkeit und Anstand nicht so genau nahm, war so ein Pergament rasch vollgeschrieben. Dann musste ein größeres Blatt her, und das gewann man aus der Haut einer Kuh. Auf die passte wirklich eine ganze Menge. Doch bei besonders hartnäckigen Sündern reichte dem Teufel selbst die nicht aus. Was manche Menschen im Lauf ihres Lebens alles anstellten, ging dann im wahrsten Sinne des Wortes »auf keine Kuhhaut« mehr.

Später verbreitete sich der Spruch allmählich auf andere Bereiche. Wenn du etwa aus der Schule schlechte Noten mit nach Hause bringst, kann es sein, dass dein Vater entrüstet schnaubt: »Also, das geht wirklich auf keine Kuhhaut!« Dann kannst du ihm jetzt wenigstens erklären, woher die Redewendung stammt. Vielleicht staunt er, was für ein kluges Kind er hat, und beruhigt sich rasch wieder.

Antwort: Rindsleder.

⇨ Der Nachkomme eines Eselhengstes und einer Pferdestute heißt Maultier.

☆ Haben Esel Eselsohren?

Natürlich haben Esel Eselsohren. Hätten sie Hunde-, Katzen- oder Kuhohren, wären sie ja keine Esel. Aber sehen ihre Ohren tatsächlich so aus wie die Seitenecken von Büchern oder Schulheften, die man zu hastig umgeblättert hat? Sind sie nicht lang und spitz und stehen aufrecht wie Kerzen?

Das tun sie in der Tat und ermöglichen dem Tier so, auch Geräusche aus großer Entfernung deutlich wahrzunehmen. Doch diese Form bekommen die Ohren erst, wenn ein Esel schon ein paar Tage alt ist. Bei der Geburt sind die Muskeln, die die Hörorgane hochhalten, nämlich noch zu schwach, und deshalb hängen die Spitzen ein paar Tage lang schlaff herunter. Und weil das so aussieht, als wäre der Esel zu faul oder zu nachlässig, seine Ohren so, wie es sich gehört, steil aufzurichten, nennt man umgeklappte Buch- oder Heftecken, die ja – seien wir ehrlich – auch durch sorglose, schlampige Behandlung zustande kommen, eben Eselsohren.

Sicher spielt dabei auch eine Rolle, dass Esel seit jeher den zweifelhaften Ruf genießen, ziemlich dumm zu sein. Wer in seinen Büchern oder Heften Eselsohren hat, ist demnach nicht nur schludrig, sondern auch nicht besonders schlau. Doch das ist natürlich Blödsinn. Von vielen berühmten und hochintelligenten Menschen ist bekannt, dass sie im Umgang mit Büchern alles andere als sorgfältig waren und sich keinerlei Mühe gegeben haben, sie in neuwertigem Zustand zu halten. Vielleicht war ihnen ja vollkommen klar, dass Esel alles andere als dumm und im Gegenteil außerordentlich klug und lernfähig sind. Was die grauen Iah-Rufer von etlichen anderen Haustieren unterscheidet, ist nämlich allein ihre sprichwörtliche Sturheit. Im Gegensatz zu Hunden und den mit ihnen nahe verwandten Pferden haben sie einen ausgeprägten eigenen Willen und lassen sich nicht so ohne Weiteres und schon gar nicht von jedem herumkommandieren.

Was nun aber natürlich nicht heißt, dass jemand, in dessen Büchern es von Eselsohren nur so wimmelt, außergewöhnlich klug ist oder ohne fremde Hilfe immer genau weiß, was zu tun ist.

✪ Wenn man keinen Hunger hat, ist man satt. Aber was ist man, wenn man keinen Durst hat?

Wenn man keinen Hunger mehr hat, ist man satt. Aber wie ist das mit dem Durst? Was ist man, wenn man genug getrunken hat?

Erstaunlicherweise gibt es dafür kein deutsches Wort. Natürlich kann man sagen: »Ich bin nicht mehr durstig«, aber das ist allenfalls eine Notlösung. Weil das auch eine Getränkefirma fand, schrieb sie 1996 zusammen mit dem Duden, dem wichtigsten deutschen Wörter- und Grammatikbuch, einen Wettbewerb aus. Wer einen Begriff vorschlug, der diese Lücke in der deutschen Sprache schloss, sollte einen Preis gewinnen. Die Teilnahme war gewaltig, mehr als 45.000 Vorschläge gingen ein, und schließlich wurde »sitt« zum Sieger erklärt. Das Wort klinge ähnlich wie »satt«, meinte die Jury, und außerdem sei es einsilbig und daher leicht zu merken. Doch in den Duden aufgenommen ist »sitt« bis heute nicht, und tatsächlich kennt es auch kein Mensch oder benutzt es gar.

Deshalb gab es einen zweiten Versuch, endlich einen passenden Begriff zu finden, und zwar in der Kindersendung »Löwenzahn«. Wieder sollten die Zuschauer Vorschläge machen, und wieder taten sie das reichlich. Da es diesmal hauptsächlich Kinder waren, die mitmachten, waren die Ideen viel lustiger als beim ersten Wettbewerb. Einen Preis gewannen schließlich »abgefüllt«, »frupp«, »entdurstet«, »trankgesättigt«, »unverdurstet«, »satttrunken« und »trinkneinnich«. Aber auch von diesen Wortschöpfungen hat sich keine einzige durchgesetzt.

Das kannst du selbst leicht ausprobieren: Wenn deine Mutter dich das nächste Mal fragt, ob du noch etwas trinken möchtest, antworte einfach: »Nein, danke, ich bin frupp.«

Ein Mensch kann einen Monat ohne Essen, aber nur drei Tage ohne Trinken überleben.

☆ 96–97

© Wann gilt ein Kleeblatt als Glücksbringer?

✰ Warum spart man Geld in einem Sparschwein und nicht in einer Sparkatze oder einer Sparkuh?

Schon bei den alten Griechen und Römern war das Schwein ein beliebtes Symbol für Reichtum und Glück: Reichtum, weil sich nur ein Wohlhabender Fleisch zum Essen leisten konnte, und Glück, weil das Schwein in den Augen unserer Vorfahren für Kraft und Fruchtbarkeit stand. Daran hat sich bis heute kaum etwas geändert. Auch für uns moderne Menschen gilt das Schwein nach wie vor als Glücksbringer. Deshalb werden zu jedem Jahreswechsel Unmengen von Marzipanschweinchen verschenkt, und deshalb sagt man, wenn jemand Glück hatte, er habe »Schwein gehabt«.

Wem aber würde man sein Geld lieber anvertrauen als einem Glücksbringer? Zumal einem, der bekanntlich dick und fett wird, wenn man ihn nur reichlich füttert? Und so hoffte man früher und hofft bis heute, dass sich das Geld, das man in ein Sparschwein steckt, stetig vermehrt und nie ausgeht. Nun kann man natürlich einwenden, auch in einem glücksbringenden Porzellanschwein würden aus einem Euro keine zwei, aber so fantasielos darf man das nicht sehen. Denn das Ganze hat natürlich eine Menge mit Aberglauben zu tun. So wie wir vielleicht auf Erfreuliches hoffen, wenn wir ein vierblättriges Kleeblatt finden, ein Hufeisen aufhängen oder einen Schornsteinfeger berühren, so hoffen wir eben auch auf viel Geld, wenn wir unser Erspartes in ein Schwein stecken.

Und was tun wir mit dem Tierchen, wenn es voll ist? Wir schlagen es nicht etwa kaputt oder zertrümmern es, nein, wir »schlachten« es. So wie ein Bauer seinen grunzenden Vierbeiner schlachtet, sobald er dick genug geworden ist. Was ja auch für ihn viel Geld bedeutet.

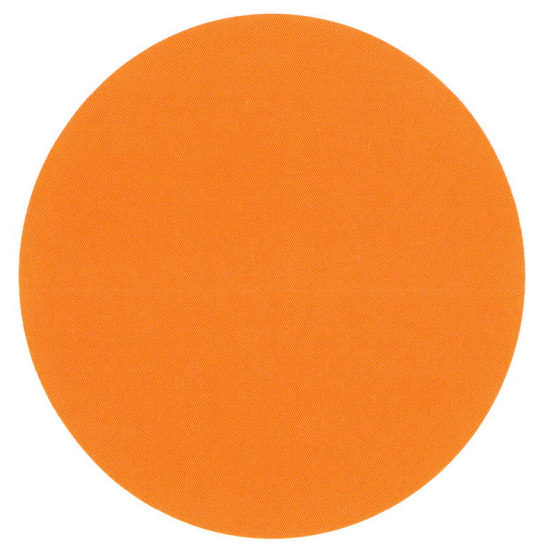

✪ Findet ein blindes Huhn tatsächlich mal ein Korn?

Wer etwa in Mathe nichts, aber auch gar nichts zustande bringt und dann ausnahmsweise einmal die richtige Lösung herausbekommt, muss mit dem gehässigen Spruch rechnen: »Auch ein blindes Huhn findet mal ein Korn.« Doch stimmt es eigentlich, dass Hühner, auch wenn sie nichts sehen können, wenigstens noch genügend Futter finden, um nicht zu verhungern?

Um das herauszufinden, haben Forscher Hühnern tatsächlich die Augen verbunden und sie anschließend in ein Gehege gesetzt, in dem jede Menge Weizen-, Hafer- und Gerstenkörner herumlagen. Doch wenn sie nun erwartet hatten, die Hühner würden in der Hoffnung, zufällig immer wieder mal ein Körnchen zu erwischen, planlos herumpicken, wurden sie enttäuscht. Die blinden Tiere suchten überhaupt nicht nach Nahrung. Selbst wenn sie mit ihren Füßen direkt auf die Körner tappten, sodass sie sie eigentlich hätten spüren müssen, ließen sie die Köpfe oben. Möglicherweise befürchteten sie, ohne direkte Sicht danebenzupicken und sich zu blamieren.

»Die sind einfach zu satt«, dachten die Forscher und gaben den armen Vögeln ein paar Tage lang nur Wasser zu trinken, aber nichts zu fressen. Anschließend setzten sie sie in einen abgezäunten Hof mit so vielen verstreuten Körnern, dass die Tiere sich damit bequem den Magen hätten vollschlagen können. Doch die dachten gar nicht daran. Sie liefen ziellos hierhin und dorthin, gackerten und scharrten im Boden, doch um das herumliegende Fressen kümmerten sie sich kein bisschen. Offenbar war keines der Hühner schlau genug, um auch nur auf die Idee zu kommen, es könnte doch mal den Boden blind nach Futter absuchen.

Womit bewiesen wäre, dass das Sprichwort von dem blinden Huhn, das auch mal ein Korn findet, schlichtweg Blödsinn ist.

Ein Huhn kann einen Gegenstand immer nur mit einem Auge ansehen.

In England nennen Kinder ihren Popo »bum« oder »botty«.

✪ Warum setzen wir uns auf unsere »vier Buchstaben«?

Wenn man überlegt, warum es ausgerechnet »vier Buchstaben« sind, auf die wir uns der bekannten Redewendung nach setzen, denkt man schnell an den Popo. Der heißt zwar vornehm »Gesäß« oder »Hintern«, aber daneben gibt es noch eine Menge weitaus unanständigerer Wörter. Die einfach so zu sagen gilt jedoch als sehr unhöflich, und so ist man rasch auf die Idee gekommen, sie schamhaft zu umschreiben.

Ein solch anstößiger Begriff für das menschliche Hinterteil war in früheren Zeiten »Asch« (aus dem später, wohl des besseren Klanges wegen, »Arsch« wurde). Wer »Asch« meinte, das Wort aber nicht aussprechen mochte, benutzte eben den harmlosen Ausdruck »vier Buchstaben«. Dass man den dann seit dem 18. Jahrhundert auch für das aus der Ammensprache stammende Wort »Popo« verwendete, beweist das Wörterbuch der Brüder Grimm, in dem es heißt: »Vier Buchstaben: verhüllend für Popo«. Zwar war dieses Wort längst nicht so verpönt wie früher »Asch«, aber da es eben auch aus exakt vier Buchstaben besteht, lag es auf der Hand, die gebräuchliche Umschreibung einfach beizubehalten. Und dabei ist es bis heute geblieben.

Allerdings funktioniert das nicht immer. Denn man kann sich zwar auf seine »vier Buchstaben setzen«, aber jemanden mit »Du blöde vier Buchstaben!« zu beschimpfen, löst bei dem allenfalls einen Lachanfall aus.

✪ Warum sagt man, jemand hat die Arschkarte gezogen?

Wenn jemand Pech hat, wenn er sich benachteiligt fühlt oder wenn er Dinge erledigen muss, zu denen er ganz und gar keine Lust hat, sagt man schon mal: »Der hat voll die Arschkarte gezogen.« Aber wieso gerade »Arschkarte«?

Nun, ganz genau weiß das niemand. Wahrscheinlich ist, dass dafür die erstmals bei der Fußballweltmeisterschaft 1970 eingesetzten Roten und Gelben Karten verantwortlich sind. Um diese im Eifer des Gefechts nicht zu verwechseln, was für den Schiedsrichter ganz schön peinlich wäre, steckten die meisten Unparteiischen sie in unterschiedliche Taschen ihres Trikots, und zwar die Gelbe in die Brust- und die Rote in die Gesäßtasche. Das ist bis heute so geblieben. Und jeder weiß: Greift der Schiedsrichter hinten in seine Hose, wird er einem Spieler gleich die Rote Karte, eben die »Arschkarte«, vors Gesicht halten. Womit der vom Platz fliegt.

Genau genommen ist der Ausdruck »die Arschkarte ziehen« natürlich falsch, denn eigentlich ist es ja nicht der Spieler, sondern der Schiedsrichter, der sie zieht, aber das lässt sich damit erklären, dass man den Spruch an andere Redewendungen angepasst hat. Schließlich »zieht« man ja auch den Kürzeren, eine Niete oder den Schwarzen Peter.

Allerdings gibt es auch Schiedsrichter, die beide Karten in ein und derselben Tasche verstauen. Bei denen wird es nach einem bösen Foul besonders spannend. Denn erst, wenn sie Gelb oder Rot hochhalten, erkennt man, ob sie den Spieler nur verwarnen oder vom Platz stellen wollen. Doch egal, aus welcher Tasche der Unparteiische die Rote Karte hervorzieht: Der Spieler, der gleich darauf mit hängendem Kopf vom Feld trottet, hat so oder so »die Arschkarte gezogen«.

Antwort: Platzverweis.

Wie heißt die Strafe, die durch die Rote Karte angezeigt wird, korrekt?

☆ 104–105

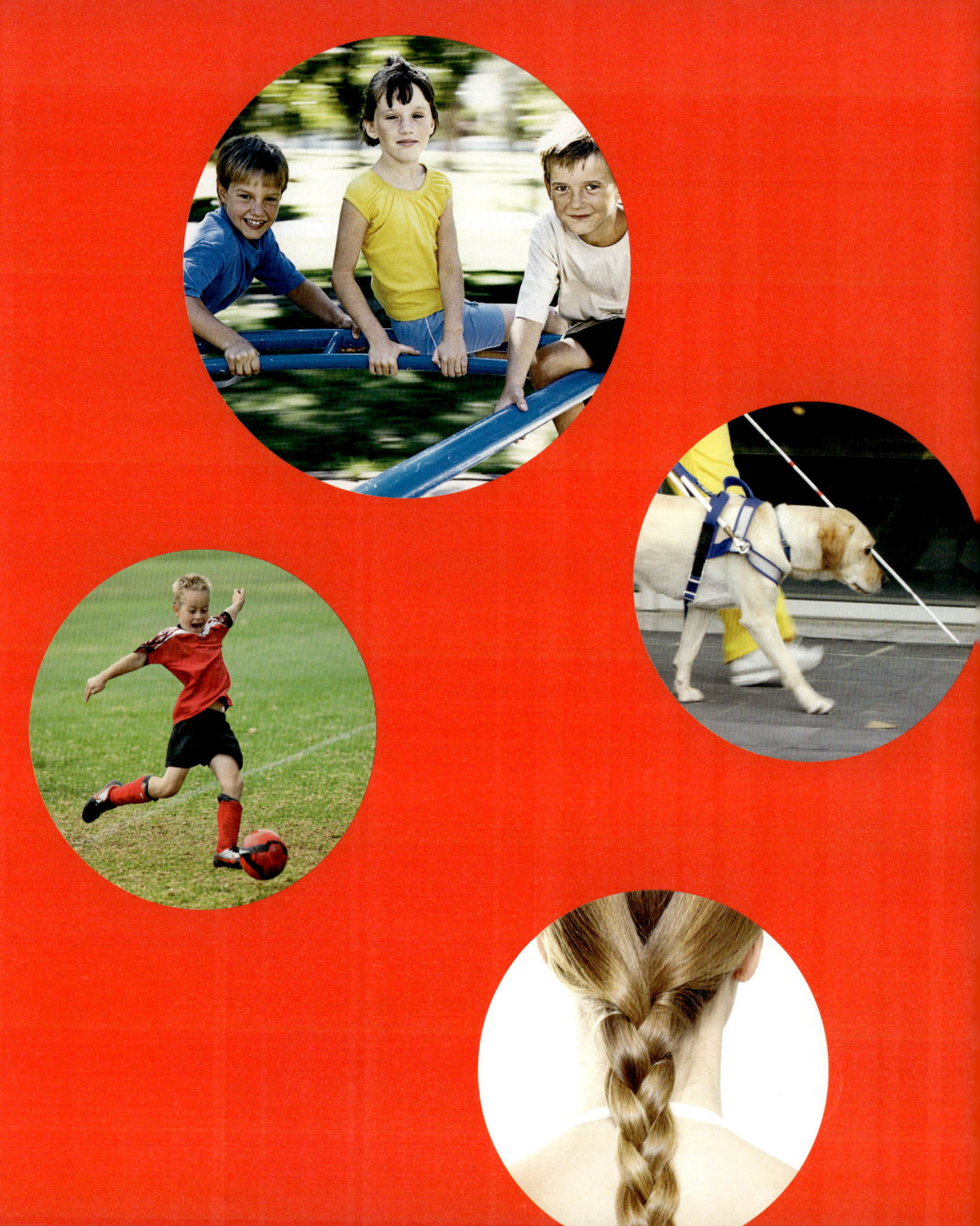

Was geht da in uns vor?

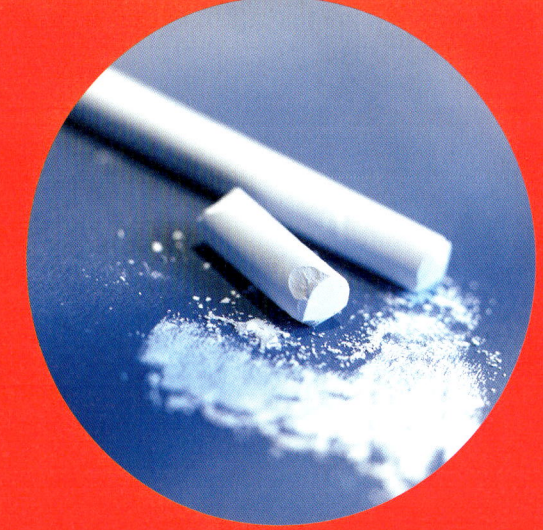

⭐ **Körperliches**

- Kann man beim Schwimmen schwitzen?
- Warum wird Kindern beim Karussellfahren nicht schwindelig, Erwachsenen aber schon?
- Kann man seine Stimme heller machen, indem man Kreide schluckt?
- In »Rapunzel« klettert der Prinz an Rapunzels Haar einen Turm hinauf. Geht das?
- Können Linkshänder auch besser mit dem linken Bein Fußball spielen?
- Muss man sein »großes Geschäft« auch machen, wenn man nichts isst?
- Sehen Blinde im Traum Bilder?
- Warum haben wir zwei Augen und zwei Ohren, aber nur eine Nase?
- Stinken leise Fürze mehr als laute?

☆ Kann man beim Schwimmen schwitzen?

Wenn 100-Meter-Läufer über die Bahn sprinten, Radrennfahrer einen Berg hochhecheln oder Fußballer den Ball kraftvoll Richtung Tor kicken, haben sie eines gemeinsam: Sie schwitzen. Und zwar heftig. Das ist durchaus sinnvoll, verhindert es doch, dass ihr Körper überhitzt. Denn sobald ein Temperaturfühler im Gehirn eines Menschen erkennt, dass Blut und Körperflüssigkeit zu warm werden, schickt er einen Befehl an die vielen Schweißdrüsen der Haut: »Arbeiten! Schweiß ausschütten!« Daraufhin beginnen die Drüsen sofort, eine Menge Flüssigkeit zu produzieren, die gleich darauf auf der Haut verdunstet und dabei den Körper kühlt. Und zwar deshalb, weil sich Flüssigkeitsmoleküle von ihren Nachbarn lösen und sich in die umgebende Luft schwingen. Dazu brauchen sie Energie. Und die entziehen sie der Haut, die dadurch deutlich kühler wird. Physiker sprechen von »Verdunstungskälte«. Nun können aber die Schweißmoleküle umso leichter entweichen, je weniger Flüssigkeit um den Körper herum vorhanden, je trockener also die umgebende Luft ist.

Wie ist das dann aber mit einem Schwimmer im Wasser? Bei einem anstrengenden Kraul schwitzt der doch auch, oder?

Ja, das tut er. Denn die menschlichen Schweißdrüsen arbeiten immer, sobald die Körpertemperatur ansteigt. Ganz egal, ob im Trockenen oder im Nassen. Das hat man lange Zeit nicht geglaubt, doch komplizierte Messungen an Leistungsschwimmern haben das eindeutig bestätigt.

Allerdings kann der Schweiß unter Wasser natürlich nicht verdunsten. Er wird einfach abgespült und hat somit keine Abkühlung zur Folge. Das ist jedoch nicht weiter schlimm, denn im Wasser muss ein Sportler, auch wenn er sich noch so anstrengt, ohnehin nicht befürchten, dass sein Körper überhitzt. Das könnte allenfalls passieren, wenn die Wassertemperatur sehr hoch wäre, aber in so einer warmen Brühe würde niemals ein Schwimmwettkampf stattfinden. Doch egal, wie kalt oder warm das Wasser ist, sobald der Schwimmer aus dem Becken steigt, verdunstet die Flüssigkeit auf der Haut sofort. Und dann ist es mit dem Schwitzen auf jeden Fall vorbei.

Wie schnell man – selbst an einem heißen Sommertag – nach dem Baden zu schlottern beginnt, hast du sicher selbst schon öfter erlebt.

Antwort: Kraul, Brust, Schmetterling und Rücken.

Welche vier Schwimmstile unterscheidet man?

☆ 108–109

☞ Das Gleichgewichtsorgan liegt wie das Gehörorgan im knöchernen Innenohr.

☆ Warum wird Kindern beim Karussell-fahren nicht schwindelig, Erwachsenen aber schon?

Noch mal«, bettelt Julian, als seine Mutter ihn aus dem Karussellauto hebt. Eine Runde nach der anderen zu drehen macht ihm riesigen Spaß, und er kriegt gar nicht genug davon. »Wird dir denn nicht schwindelig?«, fragt die Mutter, und er schüttelt entschieden den Kopf. »Also, wenn ich so oft im Kreis herumfahren würde wie du, wär mir speiübel«, murmelt sie kopfschüttelnd und drückt ihrem Sprössling Geld für fünf weitere Fahrten in die Hand. Was die Mutter nicht versteht, ist auch den Wissenschaftlern bis heute nicht ganz klar: Warum können Kinder ganz oft hintereinander Karussell fahren, stundenlang schaukeln oder sich beim Spielen immer und immer wieder drehen, ohne dass ihnen schlecht wird?

Forscher, die die erstaunliche Schwindelfreiheit von Kindern untersucht haben, glauben erstens, dass das Gleichgewichtsgefühl bei den Kleinen noch nicht voll ausgeprägt ist, und zweitens, dass ihre Augen offenbar weniger Dinge gleichzeitig wahrnehmen als diejenigen von Erwachsenen. Denn schwindelig und übel wird uns immer dann, wenn der Gleichgewichts- und die anderen Sinne dem Gehirn Empfindungen melden, die nicht zusammenpassen. Und da das Gleichgewichtsorgan sich rasch an unveränderte Bewegungen gewöhnt und diese dann nicht mehr wahrnimmt, empfindet es auch die Drehungen eines Karussells schon bald als Geradeausfahrt. Die Augen sagen dem Gehirn jedoch, dass alles ringsum rotiert, und diesen Widerspruch deutet das Gehirn als Vergiftung und sorgt für eine rasche Magenentleerung, das heißt für heftige Übelkeit mit Erbrechen.

Da das Gleichgewichtsorgan bei Kindern aber viele Jahre braucht, bis es einwandfrei arbeitet (weshalb sie auch viel öfter hinfallen als Erwachsene) und da zudem ihre Augen nicht so viele Einzelheiten erfassen, die das Gehirn verwirren könnten, machen ihnen Karussellfahren und Schaukeln viel weniger aus als den Großen.

☆ Kann man seine Stimme heller machen, indem man Kreide schluckt?

Im Märchen »Der Wolf und die sieben Geißlein« ermahnt Mutter Ziege, als sie mal kurz wegmuss, ihre sieben Kinder eindringlich: »Lasst auf keinen Fall jemanden ins Haus!« Aber kaum ist sie gegangen, erscheint schon der hungrige Wolf, klopft an die Tür und behauptet, er wäre die Mama. Doch zum Glück hat er eine so tiefe Stimme, dass die Kleinen misstrauisch werden und nicht öffnen. Daraufhin frisst der Wolf Kreide, die seine Stimme heller macht, und versucht sein Glück ein zweites Mal. Wie die Geschichte weitergeht, ist allgemein bekannt. Doch kann man seine Stimme tatsächlich heller machen, indem man Kreide schluckt?

Um diese Frage zu beantworten, muss man sich nur ein wenig mit dem menschlichen Körper auskennen. Dann weiß man, dass Geschlucktes über die Speiseröhre in den Magen rutscht, die Stimme jedoch mithilfe der Stimmbänder im Kehlkopf erzeugt wird. Und der liegt eben nicht am Eingang der Speise-, sondern der Luftröhre. Die Kreide erreicht ihn also überhaupt nicht. Dafür, dass sie nicht versehentlich den falschen Weg nimmt, sorgt eine Klappe, die sich jedes Mal beim Schlucken schließt. Deswegen kann man beim Essen und Trinken keine Luft holen.

Doch selbst, wenn die Kreide, etwa in Form von Staub, in den Kehlkopf gelänge, hätte das auf die Tonlage keinerlei Einfluss. Denn um heller zu werden, müssten die Stimmbänder sich deutlich verkürzen. Und das kann vielleicht ein Chirurg bewerkstelligen, aber niemals normale Kreide.

Wäre es anders, sprächen Lehrer, die ein ganzes Berufsleben lang Kreidestaub einatmen, im Lauf ihrer Tätigkeit zwangsläufig immer höher und klängen am Ende wie Frauen.

Tafelkreide quietscht nicht, wenn man sie in kürzere Stücke bricht.

Wer hat mehr Haare auf dem Kopf – rothaarige oder blonde Menschen?

☆ In »Rapunzel« klettert der Prinz an Rapunzels Haar einen Turm hinauf. Geht das?

Rapunzel, lass dein Haar herab!«, fordert der Prinz seine Angebetete auf, die von einem hohen Turm sehnsüchtig auf ihn hinunterblickt. Und tatsächlich gelingt es ihm wenig später, an Rapunzels langem Zopf zu ihr hinaufzuklettern. Im Märchen ist so etwas natürlich jederzeit möglich. Aber auch in Wirklichkeit?

Auf dem Kopf eines Menschen wachsen rund 100.000 Haare. Zwar reißt jedes Einzelne von ihnen, sobald mehr als 100 Gramm daran ziehen, aber zu einem Zopf zusammengeflochten bilden sie einen Strang, dick wie ein Schiffstau, der ein Gewicht von etlichen Tonnen aushält. Man könnte also theoretisch mehrere Autos daranhängen, ohne dass er reißt. Und einen Prinzen, auch wenn er noch so dick und schwer ist, sowieso.

Und doch bleibt das Märchen ein Märchen. Denn ein Kopfhaar wächst allerhöchstens einen Meter, dann fällt es aus und wird durch ein neu nachwachsendes ersetzt. So lang, wie ein Turm hoch ist, wird es also nie und nimmer. Aber selbst, wenn es nicht ausfiele und immer weiter wüchse, würde das fünfzig bis siebzig Jahre dauern. Bis dahin dürfte der Prinz das Interesse an Rapunzel längst verloren haben. Was sicher auch umgekehrt gilt.

Außerdem kann man sich an Haaren nur sehr schlecht festhalten, dafür sind sie viel zu glatt. Als Kletterseil sind sie daher denkbar ungeeignet. Nur wenn der Turm viele Kanten und Vorsprünge hätte, könnte der Prinz mithilfe des Zopfs hinaufsteigen.

Und schließlich bestünde für Rapunzel akute Lebensgefahr. Denn das Gewicht des heraufkletternden Prinzen würde ja nicht nur an ihren Haaren zerren. Vielmehr würde es ihren ganzen Kopf und Körper nach unten ziehen. Falls sie dabei nicht gleich in die Tiefe stürzte, würde sich dabei wahrscheinlich ihre Halswirbelsäule ausrenken. Und dann wäre es mit der Liebe zu dem wagemutigen Prinzen vorbei, bevor sie richtig begonnen hätte.

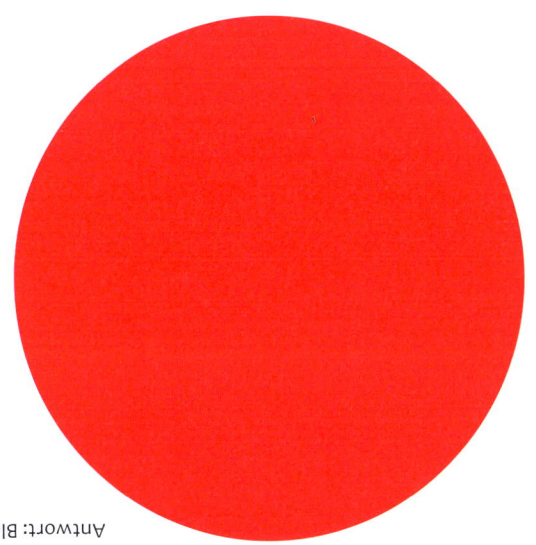

Antwort: Blonde.

✬ Können Linkshänder auch besser mit dem linken Bein Fußball spielen?

Linkshänder haben es schwerer als Rechtshänder, das steht fest. Sie bekommen im Auto den Zündschlüssel nur mit erheblichen Verrenkungen ins Schloss, haben ständig Probleme mit Geräten, deren Griff auf der verkehrten Seite angebracht ist, und müssen sich auch sonst mit allerlei Widrigkeiten abfinden. Linksfüßer dagegen sind bei Fußballvereinen begehrt, weil sie – das ist wissenschaftlich bewiesen – in der Regel besser mit dem Ball umgehen, ihn eleganter am Fuß führen und genialere Pässe spielen. Deshalb können sich zumindest die linkshändigen und -füßigen Fußballer damit trösten, dass ihr Nachteil der linken Hand durch den Vorteil des linken Fußes ausgeglichen wird. Richtig schlecht dran wären daher Linkshänder, die gleichzeitig Rechtsfüßer sind. Aber gibt es so etwas überhaupt?

Grundsätzlich gilt, dass die linke Gehirnhälfte die rechte Körperseite steuert und umgekehrt. Und da jeweils eine Hand und ein Fuß nun mal zur selben Körperseite gehören, müssten sie eigentlich auch beide die bevorzugten oder benachteiligten sein. Tatsächlich trifft das auf die allermeisten Menschen zu. Aber eben nur auf fast alle. Denn – selten zwar, aber doch immer wieder einmal – kommt es vor, dass ein echter Rechtshänder (also keiner, der nur zum Rechtshänder umerzogen worden ist) den Ball mit dem linken Fuß besser spielen kann als mit dem rechten oder umgekehrt.

Warum das so ist, weiß bis heute niemand genau. Das liegt vielleicht daran, dass Wissenschaftler die »Händigkeit« sehr intensiv, die »Füßigkeit« dagegen nur sehr oberflächlich erforscht haben, spielt die doch im täglichen Leben die weitaus weniger wichtige Rolle.

Wenn du also Linkshänder – und damit fast immer auch Linksfüßer – bist, hast du eine größere Chance, ausgezeichnet Fußball zu spielen, als deine Freunde, die die rechte Hand und den rechten Fuß bevorzugen. Du musst ja nicht gleich ein zweiter Lionel Messi werden, mehrfacher Weltfußballer des Jahres – und Linksfüßer.

Antwort: Ja.

☆ Muss man sein »großes Geschäft« auch machen, wenn man nichts isst?

Dass wir, nachdem wir gegessen haben, aufs Klo müssen, um unser »großes Geschäft« zu erledigen, wissen wir alle. Doch wie ist das, wenn wir fasten und längere Zeit keine feste Nahrung zu uns nehmen? Dann müsste der Darm doch irgendwann leer sein, und wir dürften kein Bedürfnis mehr spüren, ihn zu entleeren, oder?

Nein, das stimmt so nicht. »Groß machen« müssen wir immer, ob wir gegessen haben oder nicht. Denn das, was wir auf dem Klo von uns geben, enthält keinesfalls nur unverdauliche Essensreste – die machen nicht einmal ein Zehntel der Gesamtmenge aus –, sondern größtenteils etwas ganz anderes. Zu mehr als zwei Dritteln bestehen unsere festen Ausscheidungen nämlich aus Wasser, den Rest machen die schleimigen Produkte zahlreicher kleiner Darmwanddrüsen sowie abgestoßene Schleimhautzellen und vor allem erhebliche Mengen an Bakterien aus. Immerhin wiegen alle im menschlichen Darm lebenden Kleinstlebewesen zusammengenommen rund 1,5 Kilo. Das sind viele, viele Milliarden, und sie vermehren sich ständig. Würden wir davon nicht immer wieder einen größeren Teil ausscheiden, wären es irgendwann solche Mengen, dass sie unseren Darm verstopfen könnten. Das wäre dann lebensgefährlich.

Also müssen wir unser »großes Geschäft« auch dann erledigen, wenn wir längere Zeit nichts gegessen haben. Das, was wir dann ausscheiden, hat sogar einen speziellen Namen. Mediziner nennen es »Hungerkot«.

☆ Sehen Blinde im Traum Bilder?

Über Träume weiß die Wissenschaft bis heute nicht viel. Zwar ist bekannt, in welchen Phasen des Schlafs die inneren Filme ablaufen und wieso wir uns an einige erinnern, während wir andere gleich wieder vergessen. Warum uns aber nachts eine ganz bestimmte Szene mit bekannten Personen und einer oft erstaunlichen Handlung durch den Kopf geht, ist weitgehend unbekannt. Fest steht lediglich, dass wir ausschließlich von Dingen träumen, die wir aus dem täglichen Leben kennen – auch wenn wir sie im Schlaf oft ganz anders erleben.

Blinden geht das ganz genauso. Diejenigen unter ihnen, die schon von Geburt an blind sind und noch nie ein Flugzeug gesehen haben, können auch von keinem träumen. Zumindest nicht in dem Sinn, dass sie es so sehen, wie es tatsächlich ist. Vielmehr nehmen sie im Traum alle Vorgänge über die Sinne wahr, mit denen sie auch den Alltag erfassen: über ihr Gehör, ihren Geschmacks-, Geruchs- und Tastsinn. Viele Geburtsblinde haben ihre Träume beschrieben, und alle geben an, dabei Menschen und Dinge nur zu berühren, sie zu fühlen, zu riechen und ihre Stimmen zu hören. Sehen können sie sie im Traum genauso wenig wie in Wirklichkeit.

Anders ist das bei Menschen, die erst später erblindet sind. Ihnen erscheinen im Traum die Menschen und Dinge, die sie früher gesehen haben, genauso bildhaft wie den Gesunden auch. Allerdings eben nur aus der Erinnerung heraus, schließlich kommen ja keine neuen Seheindrücke hinzu. Und da die Erinnerung mit der Zeit nachlässt, wird das, was blinde Menschen im Traum sehen, nach und nach immer undeutlicher, wobei es offenbar vor allem die Farben sind, die als Erstes verblassen. Bis nach vielen Jahren – so berichten Betroffene übereinstimmend – in den Träumen nur noch das vorkommt, was auch ein Geburtsblinder empfindet: Gehörtes, Gerochenes, Ertastetes, Gefühltes. Dann sind die Bilder endgültig verschwunden.

Jedes Jahr werden in Deutschland etwa 160 Kinder blind geboren.

⭐ Warum haben wir zwei Augen und zwei Ohren, aber nur eine Nase?

Nicht nur wir Menschen, sondern auch die Tiere besitzen zwei Augen und zwei Ohren, aber nur eine einzige Nase. Und das ist für sie genauso sinnvoll wie für uns. Mit den Augen erkennen wir nämlich nicht nur die Dinge um uns herum, sondern stellen auch fest, wie weit sie von uns entfernt sind. Dieses sogenannte »räumliche Sehen« funktioniert aber nur mit zwei getrennten Sehorganen. Die nehmen zwei unterschiedliche Bilder wahr, die das Gehirn zusammenfügt, das dann weiß, wie weit der betrachtete Gegenstand entfernt ist. Das kannst du leicht ausprobieren, indem du deinen Arm ausstreckst und einen Daumen abwechselnd mit dem einen und dem anderen Auge betrachtest. Dann erkennst du, dass er vor dem Hintergrund hin- und herhüpft, dass das Bild sich also, je nach Auge, verändert.

Mit den Ohren ist das ähnlich. Kommt ein Geräusch genau von vorn, erreichen die Schallwellen beide Hörorgane gleichzeitig. Liegt die Quelle des Tons aber seitlich, so nimmt ihn das eine Ohr ein klein bisschen früher wahr als das andere. Und wieder ist es dann das Gehirn, das an dem kleinen Unterschied erkennt, woher das Geräusch kommt.

Mit der Nase aber riechen wir. Und dabei spielt es normalerweise keine Rolle, von welcher Seite und aus welcher Entfernung es duftet oder müffelt. Wollen wir das ausnahmsweise einmal genauer wissen, brauchen wir nur kurz den Kopf zu drehen und ein paarmal zu schnuppern. Aber wenn es stinkt, tun wir ja meist etwas ganz anderes: Wir halten uns die Nase zu. Und das geht mit einer einzigen eben auch viel einfacher als mit zweien.

◎ Welche Kinderbuchfigur hat die längste Nase?

Antwort: Pinocchio.

☆ Stinken leise Fürze mehr als laute?

Salomon der Weise spricht: Laute Fürze stinken nicht! Aber diese butterweichen, die sich durch die Hose schleichen – Freund, vor denen hüte dich, denn sie stinken fürchterlich!« So lautet ein bekannter Spruch, den man natürlich nur hinter vorgehaltener Hand aufsagen darf. Aber ist da wirklich etwas dran? Müffeln die »leisen Schleicher« tatsächlich mehr als die »lauten Brummer«?

Ein Furz ist nichts anderes als Gas, das bei der Verdauung im Darm entsteht und über dessen Ausgang nach außen gedrückt wird. Das ist eine zwar peinliche, aber vollkommen natürliche Angelegenheit, von der kein Mensch verschont bleibt. Denn schließlich würde der Darm sonst irgendwann platzen. Das Ganze wäre ja auch nicht weiter schlimm, wären da nur nicht der Lärm und der Gestank! Tatsächlich knattern manche Fürze wie ein kaputtes Motorrad, und nicht wenige müffeln, als würde man den Kopf in eine Kloschüssel stecken. Aber beide – Geräusch und Geruch – haben im Grunde nichts miteinander zu tun. Wie laut ein Darmwind ist, liegt nämlich allein an der Menge des Gases und damit am Druck, mit dem es beim Entweichen den Darmausgang zum Vibrieren bringt. Das kannst du leicht ausprobieren, indem du aus einem Luftballon die Luft herauslässt. Je stärker du ihn vorher aufgeblasen hast, desto mehr Krach macht das.

Dagegen hängt der Geruch allein davon ab, ob im Darm müffelnde Stoffe vorhanden sind, wie sie bei der Verdauung bestimmter Nahrungsmittel entstehen. Vor allem schwefelhaltige Gase, wie sie sich etwa bei der Zersetzung von Fleisch, Eiern oder Zwiebeln bilden, stinken nach faulen Eiern, während Obst fast nur geruchlose Winde erzeugt.

Wir halten also fest: Auch laute Knaller können erbärmlich stinken, während leise Zischer oft nach gar nichts riechen. Ganz so weise scheint Salomon doch nicht gewesen zu sein.

Jeder Mensch furzt pro Tag durchschnittlich 15-mal.

Was ist denn mit denen?

☆ **Comics und Ritter**

- Kann man wie Dagobert Duck in Geld schwimmen?
- Warum haben die meisten Comicfiguren nur vier Finger?
- Wie heißt Barbie mit Nachnamen?
- Warum hat Micky Maus weiße Handschuhe und Donald Duck keine Hosen an?
- Rostete eine Ritterrüstung im Regen?
- Donald Duck ist eine Ente, Pluto ein Hund. Aber was ist Goofy?
- Wie ging ein Ritter aufs Klo?

✸ Kann man wie Dagobert Duck in Geld schwimmen?

För den steinreichen Dagobert Duck gibt es keinen größeren Spaß, als sich kopfüber in ein riesiges Becken voller Geld zu stürzen. Dort spritzt er mit den Münzen wie mit Wasser um sich und krault glücklich durch sein Geldmeer. In Wirklichkeit würde das aber niemals funktionieren. Denn dazu sind metallene Geldstücke erstens viel zu schwer und zweitens zu flach. Kippt man viele Münzen in einen Behälter, legen sie sich so eng aufeinander, dass man zwar ohne Weiteres darauf sitzen und herumlaufen könnte, aber niemals darin eintauchen. Das würde allenfalls funktionieren, wenn die Münzen kleine Kugeln wären, sodass sie sich gegeneinander verschieben ließen. Aber auch dann würde ihr hohes Gewicht verhindern, dass ein Mensch in ihnen versinkt.

Anders sähe es bei sehr leichten Materialien wie beispielsweise Papp- oder Styroporkügelchen aus. Zwischen denen könnte man wie zwischen Wassermolekülen glatt untergehen. Aber das darf man auf gar keinen Fall ausprobieren, weil man dazwischen schnell keine Luft mehr bekommt.

Lassen wir also Dagobert Duck sein Vergnügen. Wenn er seinen Spaß daran hat, sich schwere Geldstücke auf den Kopf prasseln zu lassen, ist das schließlich seine Sache. Die aber natürlich auch nur klappt, weil er kein Wesen aus Fleisch und Blut, sondern eben nur eine Comicfigur ist. Doch auch im Comic kann mal was schiefgehen: Als die Panzerknacker dasselbe versuchen und in hohem Bogen in Dagoberts Geldbecken springen, landen sie dort unsanft auf einem betonharten Boden aus Münzen und holen sich jede Menge Beulen und blaue Flecken.

Vielleicht hätten sie vorher besser dieses Buch gelesen.

◎ Was trägt Dagobert Duck auf dem Kopf?

Antwort: Einen Zylinder.

☆130—131

✦ Warum haben die meisten Comicfiguren nur vier Finger?

Donald Duck leidet ebenso wie Homer Simpson oder der fette Kater Garfield unter einem erheblichen körperlichen Mangel: Alle drei haben nur vier Finger. Können die Comiczeichner denn nicht zählen? Oder sind sie etwa nicht in der Lage, anständige Hände zu zeichnen?

Na ja, das wollen wir ihnen lieber nicht unterstellen. Vielmehr geht die Tradition der vier Finger offenbar auf die alten Zeichentrickfilme der Zwanziger- und Dreißigerjahre des vorigen Jahrhunderts zurück. Da wurden die Figuren ja im Vergleich zu heute noch sehr grob dargestellt, und man nahm es mit den Einzelheiten nicht so genau. Außerdem mussten die Zeichner zu dieser Zeit noch jedes der vielen Tausend Bildchen, aus denen so ein Film besteht, einzeln malen. Da machte sich das bisschen Zeitgewinn durch das Weglassen eines Fingers durchaus bemerkbar. Schließlich reichten die vier Finger für alles, was die Comicfiguren mit ihren Händen taten, ja vollkommen aus. Das sahen offenbar auch die Zeichner der modernen Heftchen und Filme so, und außerdem fanden sie – so hat es einer von ihnen ausdrücklich erklärt –, dass fünf Finger für die zierlichen Figuren einfach zu klobig aussehen.

Doch viele Comicfans geben sich mit dieser Erklärung nicht zufrieden und schlagen deshalb andere Gründe vor. Fehlt den Figuren vielleicht der Mittelfinger, damit sie nicht in Versuchung kommen, den Stinkefinger zu zeigen? Oder hat der körperliche Mangel damit zu tun, dass viele von ihnen Tiere sind? Die tragen ja keinen Ehering und können daher getrost auf den Ringfinger verzichten. Wie dem auch sei, auch Comicfreunde, die auf naturgetreue Hände Wert legen, können auf ihre Kosten kommen. Sie müssen sich bloß an Asterix, Charlie Brown und Lucky Luke halten. Die haben nämlich allesamt an jeder Hand fünf Finger.

◎ Warum ist der Daumen der wichtigste Finger?

Antwort: Weil er mit jedem anderen Finger zusammenarbeiten kann.

☆ Wie heißt Barbie mit Nachnamen?

Alle kennen sie, und jeder nennt sie nur beim Vornamen: Barbie, die weltberühmte Puppe, mit der sämtliche Mädchen im Lauf des Älterwerdens irgendwann einmal begeistert spielen. Erfunden wurde sie von einem Ehepaar in Amerika, das sie 1959 auf einer Messe in New York erstmalig vorstellte. Bei der Gelegenheit wurde den Spielwarenhändlern, die sie bestellten, auch gleich eine komplette Lebensgeschichte mitgeliefert. Demnach ist Barbie am 9. März 1959 geboren. Im Lauf der Jahre bekam sie mehrere Geschwister, besuchte verschiedene Schulen und arbeitete anschließend als Model, Stewardess und Modedesignerin. Sie machte neben dem Führerschein auch die Pilotenlizenz und erwarb mehrere Doktortitel. Und natürlich hat sie auch einen Freund, der heißt Ken. Der muss sich ihre Liebe jedoch mit einer Menge Haustiere teilen, darunter mehreren Hunden, Katzen, Pferden und sogar einem Zebra. Und so weiter und so weiter.

Mittlerweile ist Barbie über 50, und man muss ihr das Kompliment machen, dass sie sich erstaunlich gut gehalten hat. Allerdings hat sie sich im Lauf der Jahre einige Male verändert, hat eine andere Haarfarbe, einen neuen Mund und größere Augen bekommen. So, wie wir sie heute kennen, wird sie seit 1996 hergestellt und verkauft.

Barbie haben sie ihre Erfinder übrigens genannt, weil die Tochter des Chefs so hieß. Doch was ist mit ihrem Nachnamen? Oder hat sie vielleicht gar keinen? Doch, den hat sie sehr wohl. Er lautet Millicent Roberts und ist genau wie ihr übriger Lebenslauf komplett frei erfunden. Vielleicht dachten die Erfinder, dass er besonders gut zu Barbie passt, vielleicht hatten sie auch einen anderen Grund, sie so zu nennen. So genau weiß das niemand. Schon gar nicht die vielen Mädchen, die ihre Barbiepuppen immer wieder neu einkleiden und davon träumen, so auszusehen wie sie.

Weltweit werden jede Sekunde durchschnittlich 3 Barbies verkauft.

Wer trägt so eine Kleidung wie Donald Duck?

⭐ Warum hat Micky Maus weiße Handschuhe und Donald Duck keine Hosen an?

Über 80 Jahre ist Micky Maus jetzt schon alt, und noch immer hat er eine rote Hose ohne Oberteil und weiße Handschuhe an. Während das mit dem fehlenden Oberteil aber nicht immer zutrifft – in einigen Comics sieht man ihn durchaus in Jacke, Hemd oder Pulli –, gibt es bei den weißen Handschuhen keine Ausnahme: Die trägt Micky Maus, von den allerersten Filmen abgesehen, immer. Warum wohl?

Dazu kann niemand besser Auskunft geben als Micky Maus' Erfinder, Walt Disney. Und tatsächlich hat der einmal gesagt: »Früher mussten wir immer schneller immer mehr Filme produzieren. Damit das möglichst rasch ging, verpassten wir der Maus nur vier Finger und weiße Handschuhe. Auch auf Haare und andere Einzelheiten verzichteten wir.« Es waren also vor allem praktische Gründe, warum die Maus Handschuhe bekam. Schließlich ließen die sich wesentlich einfacher und rascher zeichnen als vielgliedrige Finger. Und dabei ist es bis heute geblieben. Mitarbeiter von Walt Disney haben außerdem zu bedenken gegeben, dass Mickys Hand so viel besser zur Geltung kommt. Und tatsächlich sehen seine kleinen Fingerchen in den ganz frühen Filmen, in denen er noch keine Handschuhe trägt, richtig mickrig aus und wollen so gar nicht zu seinen riesigen Schuhen passen.

Womit wir zu Donald Duck kommen. Warum trägt der im Gegensatz zu Micky zwar ein Oberteil, aber keine Hose?

Nun, da spielt sicher eine entscheidende Rolle, dass Donald eine Ente ist, mit einem für diese Tiere typischen nach hinten abstehenden Bürzel. Der würde unter einer Hose, die dazu über dem mächtigen Federbüschel reichlich plump aussähe, glatt verschwinden. Und dann wäre Donald keine richtige Ente mehr. Zudem sind an seinem Unterleib wegen des üppigen Federkleids auch ohne Hose keine intimen Einzelheiten zu erkennen. Das wäre nämlich in den prüden USA, aus denen die Micky-Maus-Comics stammen, ganz und gar undenkbar. Bei Micky Maus, einem Säugetier, ist das anders. Deshalb muss die kleine Maus, um nicht nackt zu wirken, immer eine Hose tragen, während das bei der Ente Donald schlichtweg überflüssig ist.

✭ Rostete eine Ritterrüstung im Regen?

Sie war schwer und unbequem, und wenn die Sonne vom Himmel brannte, war der Mann, der in ihr steckte, oft einem Hitzschlag nahe: die Ritterrüstung. Damit sie passte, wurde sie grundsätzlich nach Maß angefertigt, das heißt, alle Teile wurden einzeln hergestellt und aufwendig miteinander verbunden. Kein Wunder, dass so eine Rüstung irrsinnig teuer war. Doch im Mittelalter gab es nichts Besseres, um sich vor den Schwertern und Lanzen der Feinde zu schützen. Also zwängte sich ein Ritter vor einem Kampf notgedrungen in seinen engen, eisernen Panzer – und hoffte inständig darauf, dass es während der Schlacht nicht regnen möge. Denn schließlich bestand sein Kampfanzug aus Eisen. Und was tut Eisen im Regen? Es rostet.

Davon blieben natürlich auch die Rüstungen nicht verschont, wenn man auch einen erheblichen Aufwand betrieb, um das zu verhindern. Das Zauberwort hieß Öl. Das schützte nicht nur vor Rost, sondern sorgte auch dafür, dass die beweglichen Verbindungen leichtgängig blieben und nicht quietschten.

Deshalb brannte man gleich bei der Herstellung diverse Ölmischungen in das Metall ein. Da das allerdings nur bedingt half, mussten Knappen die Rüstung vor und nach jeder Benutzung gründlich ölen. Später kamen dann Lacke und Farben in Gebrauch, mit denen man das Eisen überzog, aber vollkommen vor Rost schützen ließ es sich auch dadurch nicht.

Rostfrei wäre eine Rüstung nur gewesen, wenn man sie aus speziellem Edelstahl hergestellt hätte. Doch der wurde erst zu Beginn des 20. Jahrhunderts erfunden. Da gab es schon seit mehr als 400 Jahren keine Ritter mehr, und seither kann man ihre Rüstungen nur noch in alten Burgen und Museen bewundern. Und das auch nur, wenn sie bis heute immer wieder sorgfältig eingeölt wurden.

Antwort: Turnier.

Wie hieß der früher übliche sportliche Wettkampf der Ritter?

In einigen Ländern gibt es sogar Goofy-Briefmarken.

✪ Donald Duck ist eine Ente, Pluto ein Hund. Aber was ist Goofy?

Groß, dürr, riesige Nase, weit aufgerissene Augen, lange, schwarze Schlappohren, dazu zwei mächtige Zähne mit einer breiten Lücke dazwischen: Goofy, der ebenso tollpatschige wie treue Freund von Micky Maus, sieht schon komisch aus. Doch während Micky eindeutig eine Maus und Donald ebenso eindeutig eine Ente ist, ist das bei Goofy ganz und gar nicht klar. Hieße er mit Nachnamen Horse (Pferd) oder Cow (Kuh), so wie Micky Mouse (Maus) und Donald Duck (Ente) heißt, wäre die Sache einfach, aber er hat eben nur den einen Namen: Goofy. Was für ein Tier soll er sein?

Um diese Frage zu beantworten, müssen wir ganz in die Anfangszeit der Micky-Maus-Comics zurückgehen. Da tritt Mickys tapsiger Freund nämlich noch unter einem anderen Namen auf: »Dippy Dawg«, was man am besten mit »bescheuerter Hund« übersetzt (»Dawg« bezeichnet eine eher bäuerliche Aussprache des englischen Wortes »dog«, also »Hund«). Demnach ist Goofy – der Name bedeutet im Englischen »albern« oder »doof« – ganz klar ein Hund! Und zwar einer mit einer langen Schnauze und Schlappohren. Zwar handelt es sich auch bei Pluto eindeutig um einen Hund, aber warum soll es nicht zwei Hunde geben, die Micky Maus zur Seite stehen? Zumal Goofy ganz klar sein Freund und Pluto eher eine Art Haustier ist?

Aber genau genommen sind ja weder Goofy noch Pluto Hunde – beide sind nichts weiter als von einem Menschen erfundene Comicfiguren. Und bei denen ist schließlich alles möglich.

✫ Wie ging ein Ritter aufs Klo?

Musst' der Ritter einmal pieseln, ließ er's halt hinunterrieseln. Hatt' er das Visier nicht offen, ist der arme Kerl ersoffen.« So beschreibt ein Reim das Problem eines Ritters, der in seiner Rüstung dringend aufs Klo musste. Aber wie war das wirklich? Wie behalf sich der arme Kerl in einer solchen Notlage?

Dazu ist erstens zu sagen, dass so ein Ritter ja nicht dumm war und sich daher vor der Schlacht gründlich erleichterte. Was aber natürlich nicht ausschloss, dass er ganz plötzlich im unpassendsten Moment, mitten in einem erbitterten Gefecht, musste. Denn gerade in derart stressigen Situationen wird das Bedürfnis nach einem Klo ja oft übermächtig – jeder kennt das Verlangen, vor einer Klassenarbeit noch schnell pinkeln zu müssen. An dem Sprichwort, wonach man sich »vor Angst in die Hose macht«, ist also durchaus etwas dran – auch für einen Ritter im Angesicht des Feindes.

Aber die Rüstungsbauer waren ebenfalls kluge Leute. Sie wussten natürlich, dass die Angriffe, gegen die sich ein Ritter wehren musste, in der Regel von vorn kamen. Und deswegen hatten sie in den meisten Blechkleidern auf der Rückseite eine Aussparung vorgesehen, die es dem Ritter erlaubte, die entscheidenden Körperteile notfalls rasch freizulegen. Manchmal sogar, ohne den Kampf unterbrechen zu müssen.

Hatte er dazu allerdings beim besten Willen keine Gelegenheit und wurde der Druck übermächtig, so blieb ihm tatsächlich nichts anderes übrig, als sich in die Rüstung hinein zu erleichtern. Zum Glück hatte die zwischen den einzelnen Teilen ja genügend Zwischenräume, sodass er nicht befürchten musste, in seinem Blechkleid zu ertrinken. Das Visier konnte also in jedem Fall zubleiben.

Wie heißt die Waffe mit einem Beil und einer Spitze an einem langen Stiel?

Geht das überhaupt?

⭐ Erstaunliches rund ums Wasser

- Warum ist Wasser nass?
- Wenn man in einen Kamelhöcker sticht, spritzt dann Wasser raus?
- Kann man hinter einem Kreuzfahrtschiff Wasserski fahren?
- Kann man mit einer Pistole unter Wasser schießen?
- Warum ist Schnee weiß, wenn Wasser doch durchsichtig ist?
- Warum kocht Milch über, Wasser aber nicht?
- Warum wäscht warmes Wasser besser als kaltes?
- Kann man unter Wasser Trompete spielen?

Warum ist Wasser nass?

Naja«, möchte man spontan antworten, »Wasser ist nass, weil es eine Flüssigkeit ist.« Doch das kann nicht stimmen. Denn Quecksilber ist auch flüssig, aber nass ist es nicht. Nass ist ein Stoff nämlich nur dann, wenn er etwas anderes benetzt, wenn er also daran hängen bleibt. Dazu müssen zwischen den Molekülen der Flüssigkeit und denen des Gegenstandes, mit dem sie in Berührung kommen, chemische Bindungskräfte bestehen. Und die sind bei Wasser besonders stark ausgeprägt, bei Quecksilber hingegen gar nicht.

Doch auch Wasser macht keineswegs alles andere nass. Das liegt daran, dass zwischen seinen Molekülen schwache elektrische Anziehungskräfte wirken. Kommen sie nun mit irgendeinem anderen Stoff in Berührung, bleiben sie an diesem nur dann kleben, wenn sie von dessen Oberflächenmolekülen stärker angezogen werden als von den benachbarten Wasserteilchen. So ist es beispielsweise bei unserer Haut. An der haftet Wasser besonders gut und macht sie im wahrsten Sinne des Wortes nass.

Es gibt jedoch Materialien, die Wassermoleküle nicht nur nicht anziehen, sondern im Gegenteil sogar abstoßen. Dazu gehören sämt- liche Fettstoffe, beispielsweise die Wachse, aber auch einige Kunststoffe. Trägt man beispielsweise im Regen eine Jacke, die mit einem wachsähnlichen Stoff beschichtet ist, so perlt das Wasser daran einfach ab, und man wird nicht nass. Dasselbe gilt für eine Kerze, die man in Wasser taucht: Zieht man sie wieder heraus, ist sie so trocken wie zuvor. Ob Wasser nass ist, hängt also entscheidend von dem Stoff ab, mit dem es in Berührung kommt.

✳ 144–145

◎ Worin löst sich Fett am besten?

Ein einhöckriges Kamel heißt Dromedar, ein zweihöckriges Trampeltier.

✪ Wenn man in einen Kamelhöcker sticht, spritzt dann Wasser raus?

Kamele marschieren tage-, ja wochenlang durch die öde Wüste, ohne zu fressen, und vor allem, ohne zu trinken. Dafür können sie vor einer langen Strecke Unmengen Wasser trinken, in zehn Minuten mehr als 100 Liter. Da denkt man natürlich sofort, die Flüssigkeit würden sie in ihren Höckern speichern und den gewaltigen Vorrat – insgesamt rund 200 Liter – bei Bedarf anzapfen. Und falls sie sich den Höcker einmal verletzten oder gemeinerweise gar jemand hineinstechen würde, müsste das Wasser in hohem Bogen rausspritzen. Doch das ist Unsinn!

Denn wenn man den Höcker tatsächlich anbohrt, spritzt überhaupt nichts, allenfalls quillt etwas heraus, nämlich Fett. Das aber auch nur, wenn das Tier vor einem langen Marsch Unmengen frisst. Nur dann setzt sich der Überschuss, den der Körper nicht sofort verarbeiten kann, als Fettpolster ab. Und das eben nicht wie bei uns Menschen an Bauch, Schenkeln oder Hintern, sondern fast ausschließlich in den Höckern. Fett ist nämlich ein idealer Energiespeicher. Hungert das Kamel, kann es das schmierige Zeug wunderbar als Treibstoff verwenden, um damit Atmung, Herzschlag, Blutkreislauf und alle anderen lebenswichtigen Vorgänge in Gang zu halten.

Und das Wasser? Das speichert das Tier teilweise in den Adern, aber größtenteils im Magen. Der dient ihm als Tank, aus dem es nach und nach die nötige Flüssigkeit herauslässt. Und da es nur sehr wenig Wasser braucht, kommt es mit seinem Vorrat erstaunlich lang aus.

Außerdem entsteht bei der Verarbeitung des Fetts im Körper ebenfalls Wasser, das das Tier nutzen kann. Aber das gilt nicht nur für ein Kamel, sondern für jedes Lebewesen, also auch für uns Menschen. Deshalb kann ein dicker Mensch länger auf Trinkbares verzichten als ein dünner. Eigentlich müsste man daher »Du Kamel!« nicht zu einem Blödmann, sondern eher zu einem Fettsack sagen.

✪ Kann man hinter einem Kreuzfahrtschiff Wasserski fahren?

Wasserski fahren – das heißt, rasant über die Wellen gleiten, elegant von einer Seite auf die andere schwingen und verwegene Sprünge machen. Das Ganze an einer langen Leine hinter einem Motorboot, das so schnell ist, dass der Sportler nicht untergeht. Könnte man auch hinter einem mächtigen Kreuzfahrtschiff Wasserski fahren?

Das Entscheidende beim Wasserskifahren ist das Tempo. Und das reicht bei einem riesigen Schiff allemal aus. Immerhin bringen es etliche der gewaltigen Dampfer mit ihren riesigen Motoren auf bis zu 35 Stundenkilometer. Das ist deutlich schneller als so manches kleine Motorboot, das Wasserskifahrer mühelos durch die Wellen zieht. Doch da gibt es ein Problem: den Start. Denn ein Boot muss rasant beschleunigen, damit sich der gebückte Skifahrer möglichst bald aufrichten kann. Und bis so ein Kreuzfahrtschiff auf Touren kommt, vergehen locker vier bis fünf Minuten. So lange hält auch der geübteste Sportler die unbequeme und kraftraubende Anfahrhaltung nicht aus. Also bleibt nur eine Möglichkeit: Hinter einem gewöhnlichen Motorboot starten und dann die Halteleine in voller Fahrt gegen die des Kreuzfahrtschiffes tauschen.

Das hört sich einfach an, ist aber ein höchst kompliziertes Manöver, das bei Versuchen auf dem offenen Meer auch Extremsportlern erst nach mehreren Fehlversuchen gelang. Hingen sie aber erst einmal hinter dem durch die Fluten pflügenden Koloss, so konnten sie sich tatsächlich auf ihren Ski halten – bis ihnen nach einigen Minuten im wild brodelnden Kielwasser die Kräfte ausgingen.

Hinter einem großen Pott Wasserski zu fahren wird also mit Sicherheit keine Modesportart werden. Aber gehen tut's.

Antwort: Mehr als 5000.

Wie heißt die Waffe, bei der sich die Patronen in einer drehbaren Trommel befinden?

✰ Kann man mit einer Pistole unter Wasser schießen?

Zugegeben, die Frage ist eigentlich nur für James Bond von Bedeutung, dem ja überall böse Buben auflauern. Aber vielleicht denkt auch der eine oder andere Taucher darüber nach, eine Pistole mit unter Wasser zu nehmen, um sich notfalls gegen einen angreifenden Hai wehren zu können. Würde ihm die Waffe in so einem Fall etwas nützen?

Beim Schießen zündet man Pulver, das schlagartig eine Menge heißer Gase entwickelt. Und die drücken das eigentliche Geschoss (das zwar Kugel heißt, aber keine ist) mit solcher Wucht aus dem Lauf, dass es eine mehr oder weniger weite Strecke in mehr oder weniger großer Geschwindigkeit zurücklegt. Dabei hat die Kugel so viel Wucht, dass sie ein Hindernis mühelos durchschlägt oder zumindest darin stecken bleibt.

Die Pistole abdrücken, also den Finger um den Abzug krümmen, geht natürlich auch unter Wasser. Da aber der Lauf mit Wasser gefüllt ist und dieses sich wie alle Flüssigkeiten kaum zusammendrücken lässt, kann das Gas das Geschoss nur mit größter Mühe in Bewegung setzen. Die Kugel bleibt also entweder gleich im Lauf stecken, wobei die Pistole mit ziemlicher Sicherheit kaputtgeht, oder sie fliegt, bei einer robusteren Waffe, nur sehr langsam heraus und macht schon nach kurzer Strecke schlapp. Waffenexperten der Polizei nützen diesen Effekt aus, wenn sie bei ihren Ermittlungen eine Pistole abschießen, um Projektile zu vergleichen. Dabei zielen sie nämlich auf ein Wasserbecken, in dem das Geschoss schon nach einem bis anderthalb Metern nicht mehr weiterkommt.

Glück für den Hai, Pech für James Bond!

✪ Warum ist Schnee weiß, wenn Wasser doch durchsichtig ist?

Schnee ist gefrorenes Wasser, das weiß jedes Kind. Aber Wasser ist doch klar und durchsichtig, warum ist der Schnee dann weiß?

Um das zu verstehen, müssen wir uns klar machen, wann beziehungsweise warum ein Stoff überhaupt durchsichtig ist. Dazu muss er nämlich das Licht, das auf ihn fällt, unverändert durchlassen, wie es zum Beispiel ein Fensterglas tut. Wenn man da durchschaut, sieht man es gar nicht. Das heißt, das Licht kommt in unserem Auge so an, als wäre gar nichts im Weg gewesen. Wenn es aber auf seinem Weg durch eine Substanz abgelenkt (gestreut), zurückgeworfen (reflektiert) oder teilweise verschluckt (absorbiert) wird, erreicht es unser Auge ganz anders, als es die Sonne (im Freien) oder eine Lampe (im Zimmer) verlassen hat. Dann erscheint uns der Gegenstand, durch den

das Licht dringt, zumindest trüb, wenn nicht gar völlig undurchsichtig. So ist es auch beim Schnee, der ja nicht aus einem einzigen Eisblock, sondern aus unzähligen winzigen Kristallen besteht. Die wirken wie neben- und übereinandergetürmte Minispiegel, die das Licht in alle möglichen Richtungen streuen und reflektieren. Man erkennt das am besten bei Sonnenschein. Dann funkelt und glitzert der Schnee, dass es eine Pracht ist. Das Licht dringt also keinesfalls geradlinig (wie im Wasser), sondern millionenfach abgelenkt durch den Schnee hindurch, und deshalb ist er für uns praktisch undurchsichtig.

Warum aber ist er weiß? Nun, darüber haben wir schon bei der Frage nach dem Schaum gesprochen. Wenn du nicht mehr Bescheid weißt, schau doch einfach dort nach.

◎ Kann es auch bei Temperaturen über null Grad schneien?

Antwort: Ja, bis etwa 5 Grad Celsius.

✿ 154–155

➪ Nur Kühe, die schon mal ein Kalb geboren haben, geben Milch.

☆ Warum kocht Milch über, Wasser aber nicht?

Bevor wir uns mit der Frage beschäftigen, warum Milch und Wasser sich beim Erhitzen ganz unterschiedlich verhalten, wollen wir erst mal klären, was man unter »Überkochen« eigentlich versteht. Nun, eine Flüssigkeit »kocht«, wenn sie im Topf in Bewegung gerät, wenn sie sprudelt und aus ihr blubbernd Blasen entweichen. Und wenn man sie dann noch weiter erhitzt, schäumt sie sogar richtig auf und schleudert heiße Spritzer von sich. So verhält es sich mit Wasser, das deswegen aber noch lange nicht überkocht. Denn das tut eine Flüssigkeit erst, wenn sie wie Lava in einem Vulkan ganz plötzlich in die Höhe schießt und binnen Sekunden aus dem Topf herausquillt. Eben so wie Milch.

Verantwortlich für die heftige Bewegung sind in beiden Fällen kleine Gasblasen, die sich beim Erhitzen bilden und an die Oberfläche steigen. Aus kochendem Wasser können sie mühelos in die umgebende Luft entweichen und sind dann in Form von Dampf gut zu erkennen. In Milch dagegen haben sie ein Problem, an dem das darin enthaltene Eiweiß (Protein) schuld ist. Das wird nämlich bei einer Temperatur von etwa 80 Grad fest, man sagt, es gerinnt. Dabei passiert nichts anderes als bei einem Spiegelei, dessen glibberiges Eiweiß sich ja auch beim Erhitzen in eine feste, weiße Masse verwandelt. Das geronnene Eiweiß bildet nun an der Oberfläche der Milch die bekannte Haut, die wie ein dünner Deckel auf der Flüssigkeit klebt. Und durch die kommen die aufsteigenden Dampfbläschen nicht hindurch. Das hat zur Folge, dass der Druck unter der Haut immer mehr ansteigt, sodass sie sich höher und höher wölbt – bis sie schließlich platzt. Dann schießt die sprudelnde Milch durch den Schlitz nach oben und quillt mit Macht über den Topfrand. Sie kocht über!

Was kann man dagegen tun? Nun, vor allem muss man beim Erhitzen von Milch immer gut aufpassen. Entweder man rührt ständig um, damit sich erst gar keine Haut bildet, oder man nimmt den Topf sofort von der Herdplatte, sobald die Milch beginnt, darin hochzusteigen. Aber wirklich sofort!

✪ Warum wäscht warmes Wasser besser als kaltes?

Moderne Waschmaschinen bieten, je nachdem, wie schmutzig die Wäsche ist, viele unterschiedliche Programme. Doch egal, für welches man sich entscheidet, alle haben eines gemeinsam: Das Wasser wird dabei erhitzt. Denn die Wäsche wird umso sauberer, je heißer das Wasser ist – sofern der jeweilige Stoff das verträgt.

Das kannst du sogar jeden Tag selbst überprüfen, wenn du dir die Hände wäschst. Die bekommst du mit warmem Wasser ja auch viel leichter und besser sauber als mit kaltem. Das liegt daran, dass sich Flecken bei Wärme ausdehnen, wodurch die Seife auf einer viel größeren Fläche dem Schmutz zu Leibe rücken kann. Denn zwischen Seife und Fleck spielen sich chemische Prozesse ab, die bewirken, dass der Schmutz sich im Wasser löst und dann abgespült werden kann. Und diese chemischen Prozesse brauchen Energie. Die sorgt dafür, dass sich die beteiligten kleinsten Teilchen,

die Moleküle, schneller bewegen, und schnelle Moleküle reagieren viel besser miteinander als langsame. Bei der Schmutzwäsche ist das genauso. Dabei kommt allerdings noch hinzu, dass moderne Waschmittel biologische Zusätze, sogenannte Enzyme, enthalten, die zum Beispiel Fett rasch zersetzen. Und jedes dieser Enzyme hat – wie der Motor in einem Auto – eine optimale Betriebstemperatur, bei der es am besten arbeitet. In kaltem Wasser sind so gut wie alle Enzyme wirkungslos.

Allerdings gibt es auch Ausnahmen von der Regel. So bekommt man zum Beispiel Blutflecken am besten aus einem Stoff heraus, wenn man ihn sofort mit kaltem (!) Wasser abspült. Denn Blut enthält eine Menge Eiweiß, und wie wir schon bei der überkochenden Milch gesehen haben, gerinnt das, wenn es warm wird. Dann verhakt es sich in den Poren des Stoffs und lässt sich viel schwerer entfernen. Zumindest funktioniert das dann nicht mehr mit klarem Wasser, sondern nur mit einem Waschmittel, das eiweißspaltende Enzyme enthält – und deshalb wieder auf Wärme angewiesen ist.

Antwort: Schleudern.

◎ Wie nennt man das sehr schnelle Drehen der Waschmaschinentrommel?

◎ Zu welchen Instrumenten gehören Trompete und Posaune?

✪ Kann man unter Wasser Trompete spielen?

Trompete spielen ist schwierig. Bläst man zum ersten Mal hinein, bekommt man meist gar keinen Ton heraus, schon gar nicht Töne wie das A, E oder C, die man eigentlich spielen wollte. Dazu muss man nämlich die Lippen anspannen, und zwar nicht zu stark, aber auch nicht zu wenig. Genau richtig eben. Und genau richtig muss auch der Druck sein, mit dem man die Lippen auf das Mundstück des Instruments presst. Doch damit nicht genug: Auch die Kraft, mit der man Luft durch das Instrument pustet, muss exakt passen. Wirklich alles andere als einfach, das Ganze. Deshalb muss man schon im Trockenen jahrelang üben, um wohlklingende Töne hinzubekommen. Wie viel schwieriger muss das erst unter Wasser sein? Oder kann man dort vielleicht gar nicht Trompete spielen?

Doch, grundsätzlich geht das. Aber nur, wenn man dafür sorgt, dass das Instrument nicht voll Wasser läuft. Nur wenn man hinten viel fester als normal hineinbläst, kommt vorne ein Ton raus. Der wird dann natürlich nicht von Luft weitergetragen, sondern von Wasser. Doch hören kann man ihn trotzdem, schließlich verständigen sich ja auch Wale und Delfine im Meer.

Doch kann man das wirklich spielen nennen? Geübte Profitrompeter haben die Sache ausprobiert. Und tatsächlich brachten die meisten von ihnen mit ein bisschen Übung eine halbwegs erkennbare Melodie zustande. Die wurde allerdings umso schräger, je tiefer unter der Wasseroberfläche sie spielten. Denn mit der Tiefe steigt der Wasserdruck, und gegen den mussten die Musiker ja mit noch mehr Kraft anblasen. Deshalb wurde das, was sie spielten, mit jedem Meter weiter unten immer unmelodiöser und hatte mit Musik beim besten Willen nichts mehr zu tun.

Antwort: Zu den Blech-
blasinstrumenten.

✪ Bildnachweis